Caring

癌病中的盼望

怎樣幫助癌症患者

珍・艾特雷—康頓 著
羅燕明 譯

▼

Caring 系列

癌病中的盼望

怎樣幫助癌症患者

Counseling People with Cancer

作者
珍・艾特雷-康頓 Jann Aldredge-Clanton

譯者
羅燕明

審稿
李金好

執行編輯
何敏璇

裝幀設計
郭曉勤

■

出版／發行
基道出版社
香港沙田火炭坳背灣街26號富騰工業中心1011室
LOGOS PUBLISHERS
Unit 1011, Fo Tan Ind. Centre, 26 Au Pui Wan St., Shatin, Hong Kong
電話：(852) 2687-0331　傳真：(852) 2687-0281
網址：http://www.logos.com.hk

承印
海洋印務有限公司

●

7/2004初版
Cat. No. LP748
ISBN-10: 962-457-259-3
ISBN-13: 978-962-457-259-9

Original Edition "Counseling People with Cancer"
Published by Westminster John Knox Press

Printed in Hong Kong

刷次　10　9　8　7　6　5　4
年份　2016

目錄

前言

珍·艾特雷-康頓的父親與脊柱癌艱苦搏鬥九個星期後，終於被這放肆的入侵者奪走。她是次經歷，並她作為腫瘤科院牧兼牧養輔導員的經驗，讓她得以寫成這本關懷癌症患者的著作。此書既富有思想又啟迪人心。她以本書作為一份禮物，送給父親和所有「因勇敢迎戰癌症而深深影響了我生命的人」。

在美國，每三個人便有一個是癌症的受害者，而死亡人數中，則有四分之一是因癌症致死的。很少疾病像癌症那樣叫人聯想到痛苦、非人生活和死亡的景像。一位作家把它稱為現代「不幸與死亡的典型象徵」(參第一課，註2)。因此，當人一經確診患上癌症，伴著身體的問題而來的，還有心理和屬靈方面的危機。癌症的確診以及其痛苦的患病過程，可以觸發人想到人生意義、目的及價值等種種關乎存在的問題。在這種處境中，傳道人有機會就信仰和靈性方面的重大議題，為病者提供關懷與輔導。

絕望對癌症患者來說，從來都近在咫尺，而且常常是勢不可擋的。因此，希望乃是本書最重要的神學主題。作者同意莫特曼(Jürgen Moltmann)的觀點，他說希望是所有人類動力之中最實在的，因為希望是認真地看待那擺在我們面前的一切可能。本書提出的概念有助傳道人以創意的方式，與癌症患者一同經驗希望。

珍·艾特雷-康頓明白，讓癌症患者述說自己個人的獨特故事是多麼的重要。她從敍事神學（narrative theology）的背景，解釋神聖故事（sacred stories，〔譯按：指病者本人的患病故事〕）的重要。雖然有些故事的確令人消沉、帶來失望，但是她指出，那些強調神的愛與關懷的故事，其中隱藏著巨大的潛能，能化絕望為希望。

本書探討聖像（sacred images，〔譯按：指人心目中想到的，有關神形像的圖畫或意象〕）的意義，是它的獨特之處。如經斷定患上癌症，就對一個人的神觀造成考驗，也往往會改變他的神觀。當癌症引發一些關乎「為甚麼？」的問題時，個人昔日的宗教經驗未必可以提供適切的答案。人必須對過去的聖像進行重新檢視和評估，找出那些是能帶來生命和希望的。當癌症患者重新評估、檢視並更新自己心目中的聖像和故事，這樣醫治自己時，傳道人可以作他們的屬靈導師。本書各課的許多故事，記著一些新鮮的神的形像（God-images）；它們曾使病人培養出新的屬靈慧見，克服絕望，歡欣地擁抱新的希望。

珍・艾特雷-康頓在本書中探討罹患癌症所引起的多種精神心靈（psychospiritual）反應：抑鬱、焦慮、憤怒、無助、哀傷、羞愧、孤單和喪失自尊。而由於癌症對個人的體形和性別的意識也會構成挑戰，所以有一課是處理身體形像（embodiment）的問題。另一課則談論一個道德抉擇的問題：到底要決定接受哪些療法（如果採用的話）。

總括來說，此書是一本全面的手冊；在人面對癌症確診，生活因接受長期治療而發生重大轉變，並在面對不明朗的未來之時，為從事牧養關顧和輔導的人員，提供隨時的幫助。

輔導與牧養神學系列

出版這一系列書籍，目的是針對某些特殊羣體的臨牀問題，因在目前有關於牧養關懷與輔導的書刊中，忽略了這些羣體（如：女同性戀者、美洲人與非洲人結成的夫婦、壓力下的少年人、罹患抑鬱的婦女、曾遭性侵犯者、被領養的成年人、末期病患者、不育夫婦等）。這個系列旨在提高從事牧養關懷者（pastoral caregivers）的理論基礎和臨牀技巧；它提供一個牧養神學（pastoral theology）的範例，使讀者從中獲得有關知識，得以對屬這些特殊羣體的人進行評估和輔導介入。

不少論牧養關懷與輔導的書籍，所包含的知識，都是以行為科學及社會科學方面的較為詳細，較少提及傳統的神學學科。有人批評牧養關懷與輔導人員，説他們忽略了自身的神學傳統，要求他們重新評價我們對心理學的盲目崇拜，並重新確定我們對人類苦況所持有的獨特觀點。在過去十年，牧養神學這門學科已有長足進步，牧養神學協會（Society of Pastoral Theology）於一九八五年成立，現定期出版刊物*Journal of Pastoral Theology*（《牧養神學期刊》）。

牧養神學的產生，至少是來自三方面的資料：（一）社會科學與行為科學所揭露的人類狀況，（二）傳統神學學科的知識，及（三）由反思牧養經驗累積而來的心得。三方面互相交流，就產生了牧養神學；每一個觀點並有權向其他兩個觀點提出疑問、質詢和批判。

就各位作者所撰寫的、他／她本人所關心的、本身的專業所服務的特殊羣體而言，每一位都具有豐富的臨牀經驗和充足的學養。他們各自建構一套「積極的牧養神學」，制訂一個神學方面的參考架構，讓牧職人員能以從它獨特的觀點進行評估和輔導介入。這種積極的牧養神學，會讓受過臨牀訓練的牧者及從事牧養的專家們(牧養輔導員、院牧、臨牀牧養訓練指導員)，能以具創意的方式參與牧養關係，並由此帶來有效的醫治、支持、引導、和解、釋放。

雖然本系列的重點在於為個人、夫婦及家庭提供牧養關懷與輔導，但是各位作者都認識到，個人與環境之間有著互相影響的作用，因此這些作品也會考慮到更大的社會體制——從原生家庭到文化環境——所造成的影響。各位作者從自身的臨牀牧養個案就地取材，以集中說明，從牧養神學範例的角度，看該特殊羣體所面對的難題。

我感謝在顧問委員會忠心服務的同事，他們花了很多時間，提供寶貴的創見，確保這系列能作出實質的貢獻；他們是：Bonnie Miller-McLemore (1992～1996)、Nancy Ramsay (1992～1996)、Han van den Blink (1992～1994)、Larry Graham (1994～1996)、Linda Kirkland-Harris (1994～1996)。

萊斯德 (Andrew D. Lester)
布賴特神學院 (Brite Divinity School)

感謝的話

我從心底感激本書所載的癌症病人，他們慷慨樂意提供自己的經歷，作為本書的臨牀資料。這些勇敢聰慧之士開啟了我的眼睛，擴大了我對事奉以至一般生活的了解，我非常感謝他們。這書是我的，也是他們的；他們的故事從內容和精神說，都是不可缺少的。謝謝你們，各位慷慨之士。

本書和這系列書籍的總編輯萊斯德先生，在本書生產過程的各個階段，擔當了非常重要的角色。我實在感謝他邀請我撰寫此書，又感謝他在整個創作過程中的洞見和鼓勵。他在牧養方面的希望神學，影響了本書的基礎概念。我還要感謝Westminster John Knox出版社的編輯們：Jon Berquist、Stephanie Egnotovich和Carl Helmich；他們細心照顧本書，直到它與讀者見面的一刻。

我十分感激Ann Johnson、Travis Maxwell、Katherine Norvell和Nancy Ellett Allison諸位，他們慷慨付出時間、精力，貢獻所長。他們的觀點和他們對文稿透徹的評審，充實了本書的內容和風格。我也感謝貝羅大學醫療中心(Baylor University Medical Center)牧養關懷與輔導部(Department of Pastoral Care and Counseling)全體同事的支持和鼓勵。

我丈夫大衛(David)充滿深情的支持，對這個計劃得以完成尤為重要。我在服事癌症患者後回到家裏，還要擠出剩餘的精力來寫下這些體驗，往往感到十分困難。大衛常常用心聆聽，給這本書的內容和風格提供寶貴建議，並說積極的話潤澤我心，我深深感謝他。

譯者序言

中國人有句話說得很中的：「哀莫大於心死。」

心死，即不再有希望，是最大的悲哀。

人得了不治之症，心灰意冷，以為再也沒有明天，心中的哀愁何等大。但是如果能引導他看見一個跨越今生的明天，人間疾苦就不能叫他心死。

本書作者珍·艾特雷-康頓用大量臨牀牧養經驗作為例子，說明如何能幫助人塑造希望：關鍵在於人心目中的神，是一位怎樣的神。作者以聖經為基礎，替那些自以為來到山窮水盡的人，繪畫一幅又一幅切合他們的神的聖像，引導他們默想，讓他們看見美好的明天。心不再死，悲哀便化為期盼。

閣下手上這本書，在這方面，是個創意盎然的寶庫。

導言

大約三十年前的一天，我接到母親來電，著我儘快趕到醫院來，那就是幾天之前，家父到那裏接受檢驗的醫院。我從家母顫抖的聲音聽出事情不妙。家父在路易斯安那州(Louisiana)民登(Minden)一所教會當牧師，背痛已有數月，看過幾個醫生，都說他是拉傷了肌肉。我那時在路州理工大學唸二年級。我從大學所在的羅斯頓(Ruston)駕車全速駛往什里夫波特(Shreveport)的醫院去，一面告訴自己，不外乎是拉傷肌肉而已。一見到母親，才知道還有下文。她一邊抽泣一邊說，醫生發現父親脊椎有惡性腫瘤。她並嘗試更詳細地向我解釋，醫生的診斷結果：他們認為那是「淋巴腫瘤」，而且可能已轉移到肝臟和骨骼。我一聽到「惡性腫瘤」幾個字，心已冷了一截，滿腦子都是問題：怎麼可能是這樣子？不是拉傷了肌肉嗎？可會是弄錯了？他才不過五十四歲，怎麼可能是這樣子？為甚麼這會發生在一個獻身事奉的人身上？為甚麼會在他事奉的全盛時期臨到他？神啊！祢一定不會允許這事情發生吧？

隨後的九個星期，我眼見父親蒙受重重損失和錐心痛楚。他熱心準備好了的復活節講章講不成了，並且他從此也沒有再講過一篇道。癌症在他脊柱內蔓延，擴散到腦部，導致他自腰部以下身體癱瘓，以及失明。家父是個才華橫溢的人，一向愛讀書，失去視力叫他十分難受。幸好神憐憫，幾個星期後，他奇迹性地恢復了視力。然而，他的痛楚愈來愈厲害，藥量不得不愈加愈重，漸漸地他再也不能花一點點的時間集中精神讀書了。他的身體、精神、靈性飽受折磨；終於有一天，他像約伯一樣喊道，甚願自己沒有生在世上倒好！他不曉得我那時正站在門外，聽到了他痛苦的呼叫。

在那痛苦的九個星期，也有過喜樂、歡笑、超脫的時刻。母親、父親、妹妹安妮（Anne）和我所說的陳年故事，尤其是一家人外出度假的往事，把我們帶離醫院的環境以外。叔父每天寄來的幽默卡片，也帶來不少寬慰。父親牧養的教會不斷用愛環繞我們，關心我們，每天二十四小時有專人隨時候命。這些關懷我們的人送來飯食，接送祖父母往返醫院，坐在醫院大堂靜靜禱告等候，看看還有甚麼可以做的沒有。我逐漸認識到：神是「愛的羣體」；這個意象是在那時開始孕育的，即使我當時並不察覺。

神應允了父親一個最熱切的禱告：他不要喪失思考能力。儘管他的肉體日漸衰殘，但他的思想和靈性卻好像愈來愈飽滿，聲線也愈來愈洪亮。當他在世的最後一個星期，他的想像伸展到未來，他跟我們和幾個護士談到天堂的景象。他以深沉的男中音詠唱*There is a Balm in Gilead*（《基列地的安慰香膏》），令病房和整個走廊都充滿盼望與美。他辭世那夜，直到最後幾分鐘還是神智清醒、思想澄明的。母親、安妮和我站在他的牀邊，他逐一告訴我們他有多愛我們，之後，他請我們唱他喜愛的詩歌。當我們唱著《奇異恩典》之時，他就辭世了。

林慕慈女士（Anne Lamott）在 *Bird by Bird: Some Instructions on Writing and Life*（《寫作與人生》）一書中，談到寫書是給別人的餽贈。[1]我寫這本書已到尾聲，按我的習慣最後才寫導言，我至此方體會，此書其實是一份禮物，是送給父親和所有勇敢迎戰癌症而予我深遠影響的人。在與我共處的關係中，他們與我分享他們波濤起伏的經驗；這些關係首先是我與家父的父女關係，然後是我和幾個人的朋友關係，繼而是我作為一家地方教會、一個輔導中心，以及幾所醫療中心的牧者而建立的關係。我給他們的禮物就是這份努力，在其中我描述並闡釋癌症病人的經歷，讓那些服事他們的人得以加深這方面的了解，改善服務素質。

在各種環境下各式各樣的傳道人，有愈來愈多的機會接觸到罹患癌症的人。在美國，每三個人之中便有一個會在有生之年接觸到癌症，[2]每四個逝世的人之中便有一個是死於癌症的。[3]因此，美國大多數教會都有不少罹患癌症的會友，而大多數家庭也都受癌病所害。如此一來，神學生和傳道人就不得不對癌症患者的社會心理及靈性方面的動態有所了解，並學習必需的牧養技巧，以求達到更有效的事奉。

盧雲（Henri Nouwen）曾經這樣寫道：「或者，牧者的主要任務是阻止人因錯誤的原因而受苦。」隨後他又說，很多人受苦，是因為他們將生命建基於錯謬的假設上，以為人生應該沒有恐懼、寂寞、混亂、疑惑——即是說，人生應該沒有苦難；因此，傳道人應該引導人明白，苦難是人生不可缺少的成分，以致他們能夠運用創意去處理苦難。我們領會到其實「不必逃避痛苦，反而可促使痛苦成為對生命的共同追尋，那麼這些痛苦就會由絕望的表現化成盼望的記號。」[4]（編按：引自盧雲：《負傷的治療者》，香港：基道，2002年三版，頁97。）

本書一個重要的神學主題是盼望。癌症令人處於肉體、精神和靈性的痛苦之中，叫人常常徘徊在絕望與盼望之間。雖然最親近的人不斷勸癌症患者要懷著希望，而他們也著實渴望自己心裏能有希望，但因為必須忍受癌症帶來的損失和恐懼，實存性的現實叫他們感到乏力，沒法完成盼望的過程。從事牧養癌症病人的一大挑戰，就是培養盼望。

正如萊斯德指出，牧養神學很大程度上，忽略了人類時間意識中未來的一面，因而未能「為盼望這個課題」，提供「一個合宜的參照架構」。[5]這樣的神學參照架構，對於那些要與癌症患者建立牧養關係的人，是必要的基礎。這些傳道人以及其他腫瘤學護理人員，一向以來都是過分小心的，因惟恐予人「假的希望」，就甚麼希望都不給了。莫特曼沒有視希望為不切實際的，反而堅稱只有希望才是實事求是，因為希望認真看待現實的一切可能；希望並不是「追求一些『沒有實體』的東西，而是追求一些『還未見其實體』但可以化為實體的事物。」[6]萊斯德、莫特曼與卡普斯（Walter Capps）的理論，為本書所描述的牧養事工提供了一個希望神學的基礎。傳道人的希望神學既豐富了，就能發掘一些新穎的方式，引導癌症患者從多方面體驗希望。

本書主要說明，如何利用聖像（譯按：參前言）和神聖故事（譯按：參前言）來克服絕望並激發希望。我會探討確診患上癌症，對一個人的神觀和他對神的體驗，會造成怎樣的挑戰和常見的改變。當然，靈性上的反應會因應每個人的宗教文化背景和經驗而有所差異：有些人企圖要了解自己的患病經歷，就會尋求一些理性主義或權力主義的宗教；有些人想在混亂的經驗中有一片熟悉安穩的土地，於是就對自己在其中成長的傳統更加確信不移；而恐懼與罪疚，又會令一些人倒退到一些比較原始，甚至是迷信的信念去。還有一些人，因發覺自己的傳統宗教信仰並不足以應付其患病經歷，就展開了一次靈性上的探索與發現的旅程。本書會舉例説明，傳道人可以如何作為癌症患者的屬靈導師，不論患者正處於屬靈旅程的哪一個階段。藉著參與在患者對意義進行存在性的探索過程中，我們可以幫助他們用能夠帶來治療的方式，去重新評價、重新檢視並改變他們心目中神的形像，和他們的神聖故事。

神在我們口頭和視覺上的形像，構成了我們屬靈經驗的基礎。人們心目中的聖像反映並塑造了人們最深層的價值觀。有些人設想神是不理人的死活、反覆無常的，他們的行為舉止也就會表現這些特性。有些人心目中的神是有慈愛寬恕的，他們也就會珍惜這些特質。當人嘗試用言語和符號來描述那位最終的實體(Ultimate Reality)時，所用的措辭和符號也深深影響著他們對自己、對別人和對神的體驗。莊姍(Elizabeth A. Johnson)堅稱，如何論述神是「無比重要的」，因為關乎神的符號乃是一個宗教體系的主要符號，「是了解經歷、了解人生與世界的終極基準點」。因此，人怎樣談論神，就顯示出他們信的「至善、至真、至美」究竟是甚麼。[7]

正如每個確診患上癌症的人一樣，當人面臨生與死的終極問題時，那些論述神的言辭和意象，在他們經驗中就富有更大的意義。那些用來講述神的名字和符號，既可加深他們患病的痛苦，也可帶來新的發現而有益於整個人的健全。他們心目中的聖像，或會加深他們靈裏的痛苦以至於絕望，或會形成盼望的基礎。假如他們設想神是個冷漠的旁觀者（Aloof Observer），對人類的苦況無動於中，又或者設想祂是個任意而行的毀滅者（Random Destroyer），他們就要感到絕望。另一方面，假如想像神是一位慈愛的同行者（Loving Presence），是和他們一起受苦的，那就會給他們帶來希望。很多時候，人之所以受無謂的苦，是因為其神觀受到限制。舉例說，在人患病時，如果只會看重神是大醫生（Great Physician）這個概念，認為祂會醫治那些聽命於祂的人，那麼，當人經驗不到身體的醫治，他就會感到內疚，認為自己沒有達到神的要求。神是家長的意象，同樣也會限制人的屬靈體驗，視乎人與其父母的關係或好或壞而定。

傳道人對癌症患者一份有創意而又能增進盼望的貢獻，就是引導他們探索，以各種形式來講述那位最終的實體。當人們掙扎著要去了解自己的苦難之時，他們需要一些機會，用嶄新的方式去思想那位神聖者並說出祂的名字。傳道人可以引導他們擴張想像力，從而擴大他們對一位遠遠超過他們所能理解，但又很接近他們、隨時可以接觸到的奧祕者（Mystery）的體驗。在這個過程之中，傳道人可以要求人放棄那些帶來痛苦，或已經失去意義的聖像，並提出一些有機會帶來希望和醫治的聖像。有一位患了血癌的女士告訴我，把神設想成人的樣式對她來說已不再奏效，但她希望禱告時有一些想像神的方法。她說她從音樂感受到神，音樂令她感覺「被一股強大的力量包圍著」。自從患上癌症之後，她覺得自己對美的觸覺比從前敏銳。我提議她不如想像神是美(Beauty)，特別是音樂形式的美。她回應道：「我想你這樣說就是擴張了我的視野，讓我多了一個可說是認識神的方法。」

有位朋友令我深深感到，當事人的故事在希望的過程中有多重要。這位朋友和她的丈夫，有些親戚是猶太人大屠殺的受害者。她變得極其熱心地維護在美國及世界各地受種種歧視的猶太人，她渴望我明白她和她的民族，常常跟我談上數小時之久，訴說猶太社羣的今昔故事。我清楚知道，她那麼熱中於訴說這些故事，並非為要說服我信她的那一套，而是因為她深深需要別人的了解。她是猶太人，身處於一個主要由基督徒組成的社羣，不一定體驗到了解與尊重。她一次又一次向肯聽的人講述自己的故事，這樣做為她帶來希望：她是可以為自己社羣之中以及世界各地的猶太人討一個公道，作出一點貢獻的。我曾在她家作客，參與他們逾越節的慶典，我為出埃及故事的力量而深感讚歎：儘管猶太人忍受了這許許多多的苦難，但藉著一再講說、複述和解釋出埃及的故事，猶太人的盼望就被挑旺起來。

正如我那位朋友渴望別人明白她的經歷一樣，患癌症的人也常常渴望得到別人的了解，若有機會向肯聽的人講說自己的故事，他們就會感到高興。在講述這些故事的過程中，所感受的孤立和疏離感便得以紓散。不管他們是否相信聽者能為自己的患病經歷帶來甚麼改變，只要向同情的人講說自己的故事，他們就覺得有希望。在一份探討癌症患者的盼望的研究中，所採用的研究工具是半規劃的訪問。其中一人承認，訪問本身不但幫助他「重新檢視自己的信念」，更讓他感到自己「得到充滿關懷和不含批判意味的對待；有人真正聽他。」[8]

在我的事奉經驗中，我發覺人們不但熱中於向我傾訴他們的經歷，還極有興趣向更廣大的聽眾披露自己的故事。在本書內獲准採用的故事，每一位當事人都向我表示，很感激有這麼的一個機會。當我告訴他們，其他傳道人會從中學到功課，正如我從他們身上獲益良多一樣，他們都表示出一種滿足。他們體會到自己的經歷是有價值的、能讓人得著改變的，就因此生出盼望來：他們知道，他們與癌症搏鬥的經歷是有意義的。有位女士淚眼盈眶地對我說：「我覺得自己好像在幫助傳道人認識我的癌病經歷。我覺得自己有貢獻，真好。」癌症患者看見自己除了是受惠者之外，也是幫助者和施予者，就會在心裏生出盼望和醫治來。他們為著幫助別人而訴說自己的故事，有助於紓解自己的痛苦。[9]除了為每個人的故事賦予一種神聖價值之外，傳道人也可以估定這些故事的未來發展，從而推動希望。如果某人對前景的看法不能帶來希望，傳道人就可以引導他，用一些更富盼望的設想來重塑自己的前景。

本書的頭一課描述與確診癌症一同出現的情緒危機，為全書提供一個心理學的骨架。在第二課和第三課，我以希望神學 (theology of hope) 為理論基礎，闡釋本書所示範的牧養事工，我並提出實據，證明利用聖像和神聖故事將絕望化為盼望是可行的做法。然後，由第四課到第九課，焦點就集中在癌症患者所遇到的個別問題上，說明牧者可以如何使用聖像和神聖故事去對抗絕望，並培養盼望。

一旦確診患上癌症，人一向以為自己百毒不侵、生命全在自己掌握之中的這些幻象就全然被粉碎。在第一課，我從癌症患者的故事以及社會科學與行為科學的著作取材，討論確診癌症所帶來的心理危機。「癌症」一詞叫人想到害怕死亡、外貌受損和身不由主；[10] 對這病的心理反應包括了抑鬱、焦慮、憤怒、無助和哀傷。對癌症的情緒反應，固然因個人本身的性格和背景而各有不同，但是最經常體驗到的心理反應，大概是因一切損失而來的哀傷。最常聽到的感受，是感到失去對生命的操控權。癌症也會叫人失去自主，失去工作、體力、朋友、身體某些部分，失去私隱、行動自由、甚至自己的身分。伴著這一切損失而來的，往往還有羞愧的感覺和自卑感。當一些關乎人生意義、目的和價值的問題變得迫切的時候，更會對當事人構成存在的危機，這危機可以成為推動力，促使人重新審視自己的宗教信念與屬靈經驗。

這種對信仰系統和宗教儀式的重新評價，往往包括了對自己所熟悉的、從自己的宗教傳統所習得的神的形像，進行一番探討。神的形像有助癌症患者重拾自我價值感和人生意義。不幸的是，人們心目中神的形像，往往給他們帶來更多的苦惱和病痛，而不是增進希望和健康。很多患癌症的人以及服事他們的傳道人，除了對一些熟悉和傳統的聖像進行探討之外，別無其他，因而局限了自己的屬靈體驗。在第二課，我示範了一些方法，說明傳道人可以如何引導癌症患者面對其聖像所產生的正面和負面的影響，確認那些帶來生命的聖像，放下其餘的。傳道人可以把他們的想像力導向各種帶來醫治和盼望的聖像，幫助他們擴闊對神同在的經驗。敍事神學和希望神學，貫串了我對神聖故事之力量的探討，二者讓人得以勇敢地正視癌症所帶來的心理和屬靈方面的反應。在第三課，癌症患者的敍述說明了這個病對神聖故事及宗教經驗所造成的考驗。當人與威脅生命的疾病搏鬥時，過去宗教經驗的故事會失去它們的意義和力量，患癌的經驗會妨礙他們將自己的故事展延到未來。我請一位女士展望將來，她把雙手舉到眼前說：「我只看到一堵光禿的牆。」這一課會用事例說明，傳道人可以怎樣利用故事的神聖力量，引導癌症患者看到一個有盼望的未來，或者把悲痛的未來故事重寫。當他們看到自己的故事與其他神聖故事（包括聖經故事）之間的連繫時，就能發現自身屬靈經驗的價值，以及這屬靈經驗對現在和未來的醫治潛能。

由第四課開始，我們會就一些對癌症患者造成挑戰的具體存在問題作出檢視。其中一個最巨大的挑戰，是圍繞這病的不明朗因素。對一些人來說，活在未知之中，比任何有關癌症的診斷和預後造成了更大的焦慮。因為醫生很少會宣佈他們的病「已經治癒」，所以大多數癌症患者都活在有可能復發或擴散的陰影底下。

這病所牽涉的一切等待，對病人構成壓力，也考驗盼望。癌症患者好像永遠在等——等待下一次檢查、下一次驗血、下一次掃描——等待並盼望癌症消失——或至少沒有擴散。這一課示範一些方法，說明牧者可以如何藉聖像和神聖故事介入輔導，幫助病者重新對焦未來，讓未來不盡由等待所支配。

在第五課，我會探討在希望的過程中，癌症患者的責任感和罪疚感會如何成為障礙。關乎身心靈關係的研究與日俱增，這對於癌症患者來說並不純是福。一方面，這研究會幫助他們覺得，自己能對病情有些掌握，但另一方面，他們或會感到罪疚的包袱，因為他們推斷出：病是因自己而起的；所以須為病得醫治負上很重的責任。另一些人覺得罪疚，是因為他們相信，神讓他患了這病，是要為過往的罪懲罰他們，也不管他們是否說得出是些甚麼罪。也有人會為了自己應付這病的方法，以及他們的病加諸自己所愛之人身上的擔子而感到罪疚。這一課舉例說明，牧養輔導員可以如何駁斥一些使人陷於自暴自棄的罪疚感的聖像，並如何引導患者探索一些促進寬恕和成長的聖像。傳道人亦可以幫助他們，從一個較宏觀的社會環境角度去了解自己的人生故事，好叫他們能夠接受，自己要負的責任其實是有限的。伴隨癌症而來的社交轉變，常會令患者茫然不知自己歸屬何處。在親朋中的角色及彼此的關係，或會發生重大轉變。假如癌症令人失業或必須轉職，他們對工作世界的歸屬感也會因而消滅。在第六課，我會檢視生活在癌症陰影下的社交動態。朋友或會因為害怕、不曉得說甚麼才好、預料會悲從中來而疏遠他們。甚至家人也會因為企圖護衛自己的情緒而否認事實，保持距離。於是癌症患者便會覺得被人拒絕、感到難堪。傳道人可以在交往之中傳遞接納的信息，幫助人踏上從疏離到羣體生活之途。我們可以鼓勵他們接受局限，並在他們最親密的關係之內探索新的可能。牧養人員其中一種最有效的輔導介入，就是透過支援小組或個人化的友誼，幫助他們將自己的故事與其他癌症患者的故事聯繫起來。這一課還舉例説明，牧養人員可如何運用一些神的形像，使人得著能力去建立人際間相互了解的關係。當他們從孤立的處境進到親密關係之中，對未來的盼望也就活潑起來。

隨癌症而來的生理轉變，也令癌症患者在親密關係上受到考驗。在第七課，我談到身體形像與性別意識(sexuality)的問題，以及它們如何影響一個人的自我意識。癌症及其療法可能在相當程度上改變了患者的身體。眾多生理改變之中，有化療所導致的毛髮脱落，及因外科手術而失去某些器官。失去乳房、卵巢或睪丸會影響到性身分和性功能。癌症本身或癌症的治療過程也有可能導致不育。由於身、心、靈之間存著複雜的聯繫，肉體上的改變和損失就影響了自尊和身分。人患了癌症，可能會不大肯定自己的身分，看不見自己有甚麼前途。牧養輔導員可以藉著將這些人的故事與其他受傷者的神聖故事相連而重燃盼望。這樣做會引導他們看見，自己其實並不受限於肉體。另一種介入輔導，是利用那些令癌症患者感到神親密臨在的意象。其中一個可能帶來安慰和醫治的意象就是：神是愛人(Divine Lover);祂與他們一起受苦,所以明白他們的痛苦。神是負傷的治療者(Wounded Healer)這個意象,也能激發希望和力量;它鼓勵人相信,人在不完美之中仍反映出神的形像。

在第八課,我探討當癌症患者嘗試從種種治療法之中作出抉擇時,他們所面對的倫理掙扎。他們深知,無論就生存或生活素質來説,都要投上很大的賭注,所以會為選取哪一種治療方法感到苦惱。他們不單需要在確診得了癌症之時作出抉擇,在往後的年月中仍不斷要有所取捨。當他們嘗試了解多種療法的風險利弊之時,或會感到不知所措。除了傳統的外科手術、放射治療、化療及荷爾蒙療法之外,還有一些試驗性的治療法(experimental treatments),以及愈來愈多五花八門的非傳統療法(alternative therapies)及輔助療法(complementary therapies)。此外,醫生們或會在最佳療法的問題上意見分歧,而醫療保險機構又會對某些療法設保險額上限,這就令事情倍加複雜。在這一切混亂矛盾之中,牧養輔導員可以幫助人發掘他們最深層的價值觀,並以這些價值觀為抉擇的基礎;鼓勵他們探討自己的神聖故事,可以促進這個以價值觀為基礎的抉擇過程。另一種輔導介入是,利用不同的聖像來擴闊他們對面前抉擇的想法。舉例説,想像「神是智慧」(Divine Wisdom),是他們在決定過程中的伙伴,可以給他們帶來盼望:他們的未來不是單由他們自己決定的。這一課還會探討一些方法,讓對病人的實際牧養關懷,得著神學倫理和醫學倫理為依據。

也許，對癌症患者來說，對希望構成最大挑戰的，就是要活在這個現實中：他們患了一個威脅生命的病。大多數人打從被確診患癌的那一刻開始，就在死亡的陰影下掙扎求存。倘若治療不見效，掙扎就更猛烈。即使稍見功效，他們仍會活在焦慮當中，知道自己的病是會隨時復發的。有些人的病情時而減輕，時而復發，人的心情也隨之在希望和絕望之間搖擺不定。第九課舉例說明這些靈性活動，並說明一些輔導介入的方法，引導人重建盼望和醫治。「神是助產士」(Divine Midwife) 這個意象，尤其會有助於啟發人的想像力，使人看到苦難是邁向未來新生命的產前陣痛。人或許不會從身體得醫治的形式來經驗這個新生命，而是從關係復和，或從重拾失去了的部分自我中經驗它。牧養輔導員亦可以引導人想像一些出死入生的未來故事，從中獲取希望。

本書是為在醫療機構、地方教會及輔導中心的牧養輔導員及從事牧養關顧的人員而設計的。儘管我用的「牧養輔導員」一詞，每多是指著神職人員與病人的關係而言，但我希望任何服事癌症患者的人，都會用得著本書的理論及臨牀資料。另外，本書亦是為培育傳道人的學術機構而寫的。本書用了大量個案作例子，一方面是為說明我的論點，即敘事神學在牧養事奉中的重要性，一方面也是為求讓廣大的讀者都能看得懂。

本書的臨牀資料來自我與那些與癌症搏鬥的人的牧養和輔導經驗。這些經驗的背景是一所一流的醫療中心，而該中心擁有美國最大的一組腫瘤科醫生。本書也借用了社會科學、行為科學和神學方面的著作來描述及闡釋癌症的詳情。

個案資料來自我在醫院內外的服事經驗。我較多採用院外的牧養輔導個案。這些接受輔導的人，其中有由醫護人員或朋友轉介的，也有一些我早在醫院裏就與之建立了牧養關係的病人。這些人都踴躍表示，允許我在本書發表我們一起努力過的成果。為著保障私隱，我把他們的名字和部分細節稍作刪改。

我在與上述一些人的輔導關係之中，曾試驗性地用過一份預先擬好的面談大綱(參附錄二)。在第一次面談中，我發覺這份大綱可供靈性評估之用。使用這份大綱並用筆記下當事人的反應，似乎令人更覺得，我邀請他們參與的這件工作是多麼的重要。他們表示，自己的經驗能夠作出這樣的貢獻，很有滿足感。藉著使用這份大綱，我認識到一點：一份擬定好的靈性評估表，不但有助從事牧養關懷者和輔導員將注意力集中在自己的事工上，更能為我們所服事的對象，帶出一種意義感和價值感。

本書邀請大家一同探討在牧養事工中使用聖像和神聖故事的可行性，在各種處境下使用各種充滿創意的方法。我希望，當我們在擴張自己的想像力之時，我們這些傳揚醫治與盼望的人，其服事潛能也隨之而增加。

註釋：

1. Anne Lamott, *Bird by Bird: Some Instructions on Writing and Life* (New York: Doubleday, 1994), pp. 185～194.
2. *A Cancer Sourcebook for Nurses,* ed. Claudette Varricchio, 7th ed. (Atlanta: American Cancer Society, 1997), p. 13.

3. *Cancer Facts and Figures — 1996* (Atlanta: American Cancer Society, 1996), p. 1.
4. Henri J. M. Nouwen, *The Wounded Healer: Ministry in Contemporary Society* (New York: Doubleday, 1972), p. 95.
5. Andrew D. Lester, *Hope in Pastoral Care and Counseling* (Louisville, Ky.: Westminster John Knox Press, 1995), p. 3.
6. Jürgen Moltmann, *Theology of Hope,* trans. James W. Leitch (New York: Harper & Row, 1965), p. 25.
7. Elizabeth A. Johnson, *She Who Is: The Mystery of God in Feminist Theological Discourse* (New York: Crossroad, 1992), pp. 3～4.
8. Janice Post-White, Carolyn Ceronsky, Mary Jo Kreitzer, Kay Nickelson, Debra Drew, Karen Watrud Mackey, Louann Koopmeiners, and Sarah Gutknecht, "Hope, Spirituality, Sense of Coherence, and Quality of Life in Patients with Cancer," *Oncology Nursing Forum* 23, no. 10 (1996): 1575.
9. William A. Fintel and Gerald R. McDermott, *A Medical and Spiritual Guide to Living with Cancer: A Complete Handbook for Patients and Their Families* (Dallas: Word Publishing, 1993), p. 183.
10. Jimmie C. Holland, "Cancer's Psychological Challenges," *Scientific American* 275, no. 3 (September 1996): 158.

第一課

癌症：震碎生命的診斷

「癌」，
這個字在屋子裏迴盪，
繼而侵入我的腦海，
叫我脊柱節節冰涼。
我把它扔出去，
遠離自己，
拚命塞住耳朵，
不聽它磨人的喧嘩。
但這個字喃喃不住，
自牆壁到天花板到地板，
從我腳趾冒起，經過肚腹，
挾著其可怕的事實闖進我的頭顱。
百毒不侵之夢破裂，化為紛紛碎片，
有若聖誕節過後
一棵易碎的樹下，破損的裝飾物。

人一經確診患上癌症，根基便動搖。有人形容確診患上癌症之後，自己的感受是「一拳打中胸口，呼吸不暢，思想不清，啞口無言，自信盡失，肝腸寸斷。」[1] 儘管醫療科技一日千里、另類的癌症治療法如雨後春筍、癌症幸存者人數穩步上升，但是「癌症」一詞仍然使人想到受苦、失去人性和死亡等圖畫。癌症是現代「不幸與死亡的典型象徵」。[2] 當一羣癌症支援小組的組員被邀説出聽到診斷結果時的最初感覺，一位女士馬上回答説：「我覺得自己快要死了。『癌症』這個字，對我來説就是死的意思。」人一經確診患上癌症，他那些百毒不侵和不死的感覺，很快就破滅了。癌症所造成的身體危機，及它所引發的心理和靈性的危機，常常是最嚴重的一類。[3] 對於被確診患上癌症的人，當一些關乎人生意義、人生目的、人生價值的問題迫切浮現之時，他就經驗到一種存在危機。

癌症患者最常經驗到的心理活動，大概是悲傷 (grief) 和失落 (loss)。癌症的確診構成了第一輪悲傷。一個健康的人突然獲悉自己患了重病。差不多每一個確診患癌的人，不分年紀，反應都是不相信的。聽到這樣的診斷結果，叫人震驚。大多數人感到愕然、不寒而慄、麻痹。這些情緒可以為期數小時、數天、數周、數月不等。[4] 在大多數的個案中，情緒震盪會在數星期內緩和下來。[5] 對於那些事前毫無患病先兆的人，這常見的初期悲傷階段尤其顯著。

在乳癌支援小組裏，女士們常常説，當自己得知患病時，首先是告訴自己：一定是化驗出錯了。因為她們聽過人説醫生診斷有誤，於是就尋求第二或第三位醫生的意見(那是合宜的做法)。如果證實了先前的診斷結果，那麼，即使她們在理性上已經確信診斷無誤，在感受上她們仍然會覺得，那是別人的診斷結果。在這個階段，她們或會描述一種抽離的、像是魂不附體的經驗。她們循例考慮決定用哪些治療法，甚或開始接受治療，一邊卻感到，這一切都是發生在別人身上的事，自己只是旁觀者。

被斷定患上了癌症，其中一個常見的初期對策是否定。如果只是在短時間內有限度使用它，這不失為一個鼓動希望和決心的健康做法。[6]否定或者儘量淡化事實，其實可以是一種保護機制，以防患者焦慮過度，讓人能逐漸了解這個痛苦的消息。[7]不管人是如何堅決地否定事實，他總會同時感到驚慌。有些人在得知醫生的診斷時，在震驚與害怕的感覺之間搖擺不定，又有人在這些感受之外，同時經驗到別的感受。朗達是個三十來歲的女子，她的故事[8]顯示這種情緒搖擺的幅度有多大。

外科醫生首先畫出一幅圖，説明那個藏於我乳房導管之間的腫瘤的位置。然後她開始畫第二幅圖，我就阻止她，因為我不要看下去。我怕得要死。她繼續説，該癌症具侵襲力，勸我接受乳房切除手術。我整個人崩潰了，同來的朋友試圖安慰我。我哭，因為我不曉得自己將會是生是死，我十分擔心家人。我害怕自己會慢慢凋謝，而他們要被迫看畢全程。

然後朋友們與我走出來，就在停車場上站了一會。我大感震驚。大夥兒和我駕車前往最近的書店，買了外科醫生介紹的那本書。接著我回家，打電話給母親。明知母親正在等消息，真是可怕。但我仍是驚愕不已。

接受乳房切除手術之後，我去見外科醫生，聽取淋巴結化驗結果。她開始談到報告顯示腫瘤屬惡性，還告訴我需要做化療。當她說到，癌或會在骨、腦、肝中再出現時，我覺得自己正在飄離那個房間。最初我只覺得茫然，像是自己在窗外聽著醫生向別人講述這消息。然後我恍然大悟，於是便哭起來。我意識到這將是我終身要忍受的事。那時已近下班時分，醫生與助手都走了，診所裏只剩下我和室友兩個人，我們就在那兒坐了三十來分鐘，只是呆呆地坐著。然後我們望著對方，問：「我們還在這兒做甚麼？」

有時候，人對癌症的認識讓他略過了起初否定事實的逃避階段。夏蘋 (Wendy Harpham) 是位年輕醫生，她治療過很多癌症患者，多得令她不能否定自己被斷定患上癌症的赤裸事實。雖然她起初也大感震驚，她卻從來沒有體驗到否定所帶來的緩衝作用。

令人愕然的震驚、原始的恐懼、稚子的無助感和倚賴性，將開頭的每一天拉到好像一個星期那麼長。面對自己必死的命運，我被猛然推進一個全新的領域。我想起以往的病人，如歷歷在目，令我得不到否定所能提供的力量與慰藉。我在腦海中遙望可能出現的種種未來，特別是自己在過去十年間所見的最可怕的情景。當我的腫瘤科醫生温柔盡責地向我簡述治療草案時，我就想到每種藥物現時或將來所帶來的傷害，這些知識在我腦袋裏亂轉。[9]

當被斷定患上癌症成為現實，患者就開始為失去健康而開始一個哀傷的過程。患者漸漸地或一下子醒悟到，昔日以為理所當然的健康，對許許多多其他賦予他／她生命意義的東西極其重要。於此，人通常會進到哀傷的另一個常見階段，這階段的特點是極度煩惱、混亂、憂鬱。這期間他們總是想著病與死亡、感到焦慮、食慾減退、失眠、精神難以集中，日常事務也做不來。有一份關於慢性病患者的研究(其中包括了癌症患者)發現，新近確診患癌的人所得的精神健康分數，比那些患病較久的人還要差。[10]

療程展開後，起初的悲傷通常都會緩和下來。但是有些人仍會有持續的嚴重情緒問題。何藍(Jimmie C. Holland)是腫瘤心理社會學界翹楚，他引述一份研究，顯示癌症患者中有百分之四十七的人，其憂傷程度與精神紊亂症中所見相若。這些惱人的情緒可能是由治療癌症的藥物所引發的，也可能是其後遺症。如果情緒煩擾並不是因為藥物所引起，何藍就提議患者接受輔導之類。[11]

癌症及種種治療所帶來的是重重損失。外科手術會導致身體器官或性功能的喪失。長期的化療和放射治療會導致精力損耗，令一些人無法繼續工作。即使癌症受到了控制，其中的一些人已變得局部傷殘，再也不能重返以往的工作崗位。雖然有些人可以停薪留職，但有些則從此痛失事業，他們再也不能賺錢養家，於是在家中的角色便起了變化。隨之而來的，通常是失去行業中的社會網絡與地位。感傷時間的損失也甚為普遍，覺得眾多的療程浪費了不少光陰，而且這病會縮短他們的壽命。然後他們會覺得，失去對將來的期望與計劃。確診患癌的其中一個最大衝擊，就是在頃刻之間，所有對人生的期望與假設盡都成為問號。[12]而與這一切損失一同來的，卻往往是更深層的損失：人生目的、安全感、自我價值，甚至身分，都一一失去了。一個中年男子因癌症變得虛弱而辭去工作，之後他說：「我再也不能肯定自己是誰。我想我從前還沒曉得，工作對自我價值有多重要。」

當患者充分感受到這一切損失的衝擊時，通常會過渡到哀傷過程中的憤怒階段。有些人在不容許健康地表達怒意的家庭或教會長大，他們會否定這個感受，或者換上一種他們覺得較容易接受的說法。他們會說，神讓這事發生令他們感到無所適從；或者說，他們覺得生命不公平，而不肯承認他們是在生神的氣。有些人覺得被自己的身體出賣了，因而感到生氣。那些遵照專家指示料理身體的人，特別體會到這種被出賣的感覺。癌症患者也會對那些沒有好好照顧身體卻仍然壯健的人表達憤怒；他們還會生醫生的氣，因為醫生未能早一點斷症、沒有保證醫好他們；他們生家人朋友的氣，因為對他們不了解；他們生全世界的氣，因為世人容許這種不幸給他們的生活帶來這麼多紛擾；他們也生神的氣，因祂令癌症產生，又或，祂沒阻止這病出現。朗達說，當她在生活上「萬事一片混亂時」，當「一切都亂七八糟，她不能理出甚麼意義來」，她就惱火。當她經歷「種種磨人的轉變」之時，就感到生氣。有位中年女士確診患了肺癌，她這樣表達她的憤怒情緒：

這真不合理，我從不抽煙，一向小心照顧身體，而得肺癌的竟是我！外面那些到處跑的人，他們又抽煙又喝酒，又摧殘自己的身體，他們又如何？真不公平！我還要怪我的醫生。我的咳嗽一直不好，去看家庭醫生，他馬馬虎虎地給我抗生素和減充血劑便算了，我見還是好不起來，才又去看專科醫生，他花了三個多月才找到腫瘤！那些日子瘤一直在長。

在癌症患者因種種損失而體會哀傷之時，隨著或伴著憤怒而來的，是傷心和抑鬱的症狀。有些人會有臨牀抑鬱症，有失眠、體重改變、貧血、精神集中力減退等症狀。不過大多數人所感到的傷心，都是哀傷期的正常表現。他們的情緒波動幅度極大，一時因家人朋友的支持而高漲，隨即又因感受到自己的損失的現實而低落。查理斯是個二十來歲的小子，說到確診患上何傑金病（Hodgkin's disease；又名淋巴肉芽腫病）之後的情緒起伏，他描述道：

確診後的兩三個星期，我經歷一次難以解釋的靈性高潮，就好比是一次悔改歸主的經歷。得著這恩賜令我快樂得很；我感到這病給我帶來那麼大的平安與喜樂，我真的不介意得了癌症。不過我總以為自己終會克服過去的。人人都說何傑金病是醫得好的，所以我從未懷疑過自己會否痊癒。幾個月的靈性高潮過後，便開始感到憂鬱。我當時沒上班，基本上我只是得了癌症，僅此而已。我從前習慣工作頻密的生活，但我以為做化療便要整天臥牀。我以為情況會更壞，所以甚麼事也沒有安排。我想是因為甚麼都不做而造成抑鬱的；何況人人的生活都是往前進，除了我之外。我認為自己比不上人，他們就讀於享負盛名的法律學院，在會計師行工作賺很多錢。我真的不喜歡自己。我處於這種景況達六個月之久——真可怕，那是我一生最差的日子。

到我畢業以後，我找到一份工作。單單是重投工作就幫了不少忙。好幾樣東西配合起來幫助我走出抑鬱。我記不起這事發生的確實時間，但基督教真的成為我的一部分。我開始消化吸收這個概念：不管怎樣，耶穌都愛我，而我也要愛自己。我從不同來源收到的這份無條件的愛成了我的一部分。

我仍然不時感到抑鬱，但有誰病倒而不會感到抑鬱呢？這不是由於我恨自己，當我想到自己注定要過一種不正常的人生時，我仍然會不開心。我要跟同輩相交，我最不喜歡要與人隔離，當我要整天臥病在牀的時候，我就變得抑鬱。我恨惡這種情況。我不斷想著應該做這做那，自我鞭策。當我甚麼都不做的時候，我會看自己是一文不值的。

正在接受癌症治療的人，常會因身體的變化而感到羞愧、自尊心驟降。外科手術可能導致外形損毀或肢體不全。化療也可以導致毛髮脫落、胃口減退、體重下降、失去活力，嚴重影響外形。[13]放射治療會導致皮膚留下傷疤、胃口轉變、精力減退。這些治療連同癌症本身，可以令人失去獨立自主、失去私隱、失去行動自由。有位確診得了結腸癌的男士說，他感到「失去個人的純潔」和感到被「看為受玷污的」。有位年輕女子描述她因缺乏體力和脫髮而感受到的羞辱。

癌症病人因缺乏體力而受屈辱，尤其是在今天的時代。因為新熱潮是要「健康得令人作嘔」……令身形不在絕佳狀態者比以前任何時候都要自慚形穢。……我為自己的身體狀況羞愧得作出了過分的補償。……我為著頭髮脫落深感不安，每次上課我總是坐到最後一排，這樣同學就沒法看出我的頭髮之所以有點兒古怪，是因為那是個假髮。[14]

癌症患者所表達的其中一種最普遍的感受，就是為生命失控而感到哀傷。癌症的診斷奪去了對生命的支配感，而一大堆駭人的種種可能——包括了已知的和未知的——則排山倒海而來。癌症的病因不明、治療的結果不詳，在在都突顯了失控的感覺。如果治療期間出現意外，例如需要擴大手術範圍或者加強化療，那就會加強失控的感覺。[15]療程完結，病情緩解一段日子之後，竟然舊病復發，失控的感覺又會更強烈。尤其是當人認為，他們已經動用所有醫學、情感和屬靈方面的資源來對抗癌症，一旦舊病復發，往往只會令他們感到無助。有位三十來歲的女子，準備接受骨髓移植已有數月，到了手術前一天才獲知自己不再是骨髓受惠者，原因是在一次掃描中顯示，癌細胞已轉移到肝臟了。她哀歎道：「我現在不曉得還有甚麼可以做的。我把那麼多精力放在移植手術上，現在才發覺不能動手術了，我想，如果我從來沒有對這次治療抱這麼大的希望，倒會好過些。」當決心、禱告和治療帶不出預期的結果時，病人就會覺得自己再沒有甚麼可以做，那病已完全失控了。如果病人再看不見生命是公平的、是可以控制的，就會變得非常苦惱，甚至絕望。

黛寶拉是位五十來歲的女士，她描述當自己得知患了乳癌時那完全失控的感覺。她談到第一次看腫瘤科醫生的情形，說：「他向我講解五花八門的治療法──從化療到外科手術到骨髓移植到放射治療。可把我嚇昏了！我想到未來就怕得要死。」黛寶拉是個聰明而理性的女子，她試圖了解得病的原因。她認為一定是自己做過甚麼才患上癌症的。她似乎相信，如果能推斷出患病的原因，就會令她覺得更能掌握這病。最能幫助她對付失控感的，就是積極幫助自己醫好這病：

化療一開始，我就非常忙碌地試圖找出我能夠做些甚麼去緩和這失控的問題。我開始看很多書，看看自己可以做些甚麼，也聽取醫生的勸告。我提高警覺，嘗試留意面前所有的事物。最先來到我面前的，其中有一個支援小組──我深信那是我醫治過程中的重要一環──我依靠那個小組。此外，在接受化療期間，每晚上牀後，我都聽一遍「在指導下進行意象想像與肯定自己」的錄音帶。這錄音帶也確實幫助我覺得自己正在做一些事。我想幫助自己度過難關。

癌症患者的其他心理活動，有恐懼和焦慮。對未知之事懷著恐懼，是全人類所共有的心理。癌症患者要與未知的因素共存：病因不明、預後不詳等。確診患癌之後就展開了一段無法確知未來的時期，那可能會歷時多年。癌症引發的問題比我們目前能提供的答案要多。很多時候，醫療人員的搖擺不定令人感到洩氣混亂。醫生今天帶來好消息，明天卻帶來叫人摸不著頭腦的消息，靜了幾天之後，又帶來壞消息，這在情緒上造成的雲霄飛車效應，比起單是收到斬釘截鐵的壞消息更磨人。當最初確診患癌時，因一切未知之事而造成的恐懼，所產生的焦慮往往比對痛苦、甚至對死亡的恐懼更大。當人獲悉骨骼掃描或者其他化驗結果時，通常都會如釋重負，儘管結果顯示癌細胞已經轉移。他們說，知道面對的是甚麼，總比要為未知的事擔憂好些。就如有人說的：「至少我現在知道敵人是誰。」

除了對未知之事與死亡的恐懼之外，癌症患者往往也會害怕被疏離、遭遺棄、截肢、痛楚受苦，或不得不倚賴別人的感覺。有些人形容自己是現代痲瘋病人。一位患何傑金病的年輕女子說，她有時覺得自己好比社會上的賤民。她的朋友對癌症的恐懼，往往令他們不能與她交往，加強了她的疏離感覺。[16]癌症患者會害怕家人和朋友不再愛他們、接受他們，有些人害怕被遺棄比害怕死亡更甚。一些外科手術，特別是乳癌和前列腺癌的，會令人害怕身體變得殘缺不全，病人的外表與性功能都受到威脅。很多癌症患者表示，他們害怕痛楚和受苦比害怕死亡更甚。有位女士說，當腫瘤科醫生開始談到各種療法和後遺症時，「真是非常、非常恐怖」，她懷疑自己的身體是否夠強壯，足以應付將要受的「種種虐待」。另外一些人最強烈的恐懼，則是害怕要倚賴別人。[17]有位非常成功的年輕男子說：「如果我不能照顧自己，我也不想活了。」

這一切恐懼會令人感受到揮之不去的焦慮。雖然療程過後（尤其是當病情有所紓緩）焦慮自會減退，但是有些癌症患者反而變得更焦慮，因為他們不再覺得自己正在積極地為控制病情做些甚麼。他們會擔心還有餘下未治好的癌細胞。雖然一段痛苦難忘的療程完結，令他們感到如釋重負，但他們仍會懷緬那些曾經照顧他們的專業醫護人員所給予的安慰。一個癌症支援小組的一位組員說：「朋友以為，既然所有療程都完結了，我應該高興才是。我想在某程度上，我是高興的，但是我總覺得還是應該為這病做些甚麼，而我又不肯定自己應該做些甚麼。」有關預防癌症的研究，媒體愈來愈多報道，很多人為了防止癌症復發而擔憂應該吃甚麼、應該做甚麼、應該想些甚麼。有很多人經驗過被確診患了癌症的創痛之後，常會有一種漂浮不定的焦慮，恐怕會有另外一些可怕的事發生。[18]有些人接受治療之後，癌症沒有緩解，腦海中老是想著痛苦難忘的療程、殘疾、死亡等圖畫，因此焦慮不安。

癌症這震碎生命的經歷，觸及人的整個身心靈；身體、情緒和靈魂的危機都是分不開的。賴圖女士（Kathy LaTour）形容她的乳癌經歷為「十年的緊急療程」，把她帶到自己「存在的核心」。[19]萊聶（Michael Lerner）是公益癌症協助計劃（Commonweal Cancer Help Program）的協辦人，他指威脅生命的疾病是「西方的默想方式。」[20]西方文化比較注重活動和成就，多於培養屬靈生命，疾病可能是惟一機會，讓人慢下來，默想自己的價值觀，反省自己的生活。

癌症患者所面臨的存在性考驗，不只是生死的問題，也是關乎甚麼能令生命變得真確和有意義的問題。追尋人生的意義，可以是癌症危機中最艱難而又最有益的體驗。透過追求夢想、體會神的同在、經歷親密的關係、建立自信心等，從中發現意義。如果患者發覺受苦是有意義的，希望就會戰勝絕望。[21]朗達完成整個療程之後説，她最大的恐懼是「可能所做的一切都是徒勞無功的」。她希望能夠從自己的經歷得出一個激動人心的新使命。

很多人説，癌症把他們引進一種全新的生活。有個患胃癌的男子用一種近乎皈依宗教的語言説，他的經驗好比一次釘十字架的經驗，舊的生活方式死去了。他更描述自己是重生了，進入一種嶄新的生活方式——對生活有新的熱誠、新的態度、新的興趣、新的渴求、新的喜好、一種新的幸福感。[22]人們會描述一種在肉體、心理或象徵層面上的重生經驗。[23]有些人接受過骨髓移植之後，會形容自己有死而復活的感覺。有一個人為治療血癌，接受了由非親屬捐贈的骨髓，他在移植手術之後説出以下的感受：

我感到自己好像來到死門關掉頭而回，也許有點兒像拉撒路。有很多日子我已想不起來，因為我當時神智不清。另外一些日子我則甚願從來沒答應過接受這手術，我以為死了還好。有時候我真以為自己快要死了——我想那差不多是所謂靈魂出竅的經驗吧——我感覺自己在天花板下漂浮，望著下面牀上的自己，我隨即作了一個有意識的決定：要拚命活下去。其實放棄呼吸會來得容易些，但我記得自己是刻意努力繼續呼吸的。如今我覺得自己已復活過來，得到第二次活著的機會。

很多接受骨髓移植的人會慶祝兩個生日：一個是出生的日子，另一個是接受骨髓移植的日子，因為對他們而言，那是另一次的誕生。

雖然甚少人會為確診患癌而感恩，但很多人表示，他們因從這經驗有所得著而獲得補償。癌症可以成為機會，讓人苦思疾病與健康、罪疚與恩典、絕望與希望、死亡與生命等問題，並重新評估自己的屬靈經驗。有人表示：「我永遠不會選擇癌症，要是我現在可以回到過去，我一定不會選擇生這個病。我不會希望任何人得癌症，甚至是我的死敵。但是既然我已經患上這病，我也看得出有一些好的轉變，是無法藉其他途徑臨到我的。」他繼續談到與人修好、友誼加深、生活方式改變、重新欣賞造物之美。患癌所提供的醫治機會，包括了肉體的醫治，卻又超越肉體的醫治。癌症患者或會驀然覺醒，更深地意識到自己整個人，以及自己與別人與世界之間的關係，因而經歷一種深遠的改變。這個蛻變的過程讓人重新獲得平衡，重建一種更圓滿健全和整合的人生。[24]有位女士在確診癌症和接受治療之後，說那過程是自己的一次「再造」。

有一份關於癌症患者的心理社會研究顯示，能夠改變目標和信念，就會提高應付癌症的成功機會。從外在的目標，例如積聚財富及事業上進，轉到內在目標，例如珍惜友情及增加對自己的認識，會令人比較容易在癌症的痛苦中仍然有一種意義感。儘管外在的目標因癌症帶來的身體和經濟限制而受到挫折，內在的目標卻仍然可以不斷發展。[25]不少人在重新評估目標之時，發掘到新的天賦才能。夏蘋是位事業有成的醫生，她確診患癌之後，發現自己有寫作天分。她出版了一些書籍，憑著豐富創意，糅合了她的醫學專長和自己的患癌經歷。[26]弗萊慈(Tina Fletcher)是位職業治療師，她於接受骨髓移植期間，才發現自己有藝術天分，如今她的畫作在全國各地畫廊展覽，她還快將完成雕塑藝術的碩士學位。[27]賴圖提出，癌症甚或可以幫助人尋找或發揮他們的天賦才能。[28]

像癌症這種威脅生命的疾病，會引起人渴望發掘真相：自己到底是誰？人生是甚麼一回事？癌症可以是一服催化劑，促使人放下安舒的幻象，開始留意自己真正的價值觀。癌症患者往往發現，很多從前一度以為重要的東西，並沒有甚麼持久的價值或意義。在這發現的過程中，他們逐漸認識到自己內心的智慧和能力，並加以追隨。[29]有些人藉著矯正一些長期存在的問題，並探討一些以前一直無暇兼顧的生活範疇，而在情感和靈性上都有長足進步。[30]查理斯說，他患上何傑金病的經歷，讓他對屬靈的實在有更深體會。得病之前，他一直否認自己的情感和屬靈方面的生活。患癌之前所持的價值觀，現在看起來「很荒謬」。他說：「我開始汲取基督徒的價值觀，不管你的物質狀況或現世的狀況如何，愛仍不變。」

過去一些熟悉的宗教信仰或條文，對癌症患者或者再無意義，更可能會帶來苦惱多於安慰。他們會破天荒地對他們曾不加思索地接受了的宗教信念進行一番檢視。內在的靈性變得比外在的宗教形式更重要。一位五十多歲的女士，離開了她一生奉行的宗教傳統，因為那跟她新發現的內在智慧不協調。她解釋說：「我覺得我對屬靈事物的渴慕比以前任何時候都要深，但是我不可能繼續上那間教堂了，他們的教導跟我的經歷不一致。患上癌症令我覺得，自己的靈性由自己來照顧，並沒有甚麼不妥，所以我選擇不走回頭路。我在自己的花園，參與創造的美麗，那時我才覺得最能與神相通。」

很多癌症患者對周遭的美有更深的領會。有些人談到凝望日落美景，或細看後院一朵從沒留意的小花，敬畏之心油然而生。他們細味這些景物，因為他們突然明白，自己也許不能永享眼前之物了。他們更衷心欣賞生命的神奇和脆弱，也就覺得與一切受造物都更緊密相連。他們會體會到，所有感官都變得更加敏銳。一位女士說，她一向喜愛古典音樂，尤其是莫扎特和威爾第(Verdi)的音樂。她說，自從患了癌症之後，這音樂「聽起來廣闊很多——雖然一個音符也沒變——比從前壯麗、飽滿、更動人，令我感到被一股強大力量包圍著。」

很多時候，人們對自己和自己的需要都不加留意，直至被迫要面對癌症之時，才醒悟過來。尤其是女士們，她們把生活建築在照顧別人的需要上面，從來都看不到照顧自己的價值。有些人抑制自己的需要到一個地步，甚至完全意識不到了。很多患者從其患病經驗，認識到自己一直都是順應別人的期望和要求而活，從未真正找到自己的聲音。四十二歲的湯寶珊 (Francesca Morosani Thompson) 是位矯形外科醫生，在確診患了多發性骨髓瘤之後，方發覺自己一生都是為了達到別人的目標而生活。她成了一個成功的外科醫生、妻子兼母親。她努力達到這些角色在社會上的理想模式，弄得自己極其疲憊，失望氣餒。當工作量極大、弄到睡眠不足時，她便完全不看病，讓自己可以完成工作，但是接著她又內疚，怪自己做不到一個仁心仁術的理想醫生。她又怪自己做不到夢想中那永遠和藹可親、不辭勞苦的偉大女人，大感不安。患上癌症讓她學會對自己不那麼執著，也學會照顧自己。如今，她但求令自己滿意，而不是要努力達到他人的期望。她在自我接納和自我覺悟方面的進步，令她感到自己變得跟以前大不相同。[31]

牧養癌症患者所面臨的第一個挑戰，就是要用一種認可他們並為他們打氣的方式，聽他們講述有關自己的掙扎、痛苦和盼望的故事。當他們感受到我們細心並充滿憐恤地專心聆聽，就會在尋找人生意義之時向我們打開心靈。每一個人的掙扎及其對人生目標的探索都是獨一無二的。這一章討論到與確診患癌同時出現的一些心理及屬靈活動，並不是要把人分門別類，或是將患癌的經驗普遍化。正如癌症的起因百般複雜，人們的情緒反應也一樣難解、因人而異、無法預測。沒有系統性的進程，也沒有按部就班的線性模式，可以克服其中的情緒變化。情緒的來臨可以像颶風中的激浪，像持續敲打的風雨，像時而肆虐、時而消退的暴風雨，以至無數其他的形式。

牧養癌症患者既要冒險，又帶來機會。由於這是慢性病，這類關係會維持一段頗長的日子。牧養輔導員可能會發覺自己也在掙扎，為求在同情與抽離之間保持平衡。有些日子我能達到這個平衡，但間中我發覺，我對他們的經歷過分感同身受，我不但夢見他們的病情，更夢見自己患上癌症。這是個警號，我要減少接觸患者，給自己時間和空間，好培育自己的靈性。我認識一點：如果我越過了他們的故事和我的故事之間的界線，我就不能成為別人的最佳牧者。只有當我一邊專心關顧別人，一邊仍全心全意地過著自己的生活之時，我才能做一個真正感同身受的聆聽者，一個聰明的領路人。

癌症開拓了使人獲益良多的機會，讓人反思生命最深層的問題。它讓患者和牧養他們的人接觸到死亡的問題。癌症有它的方法，震碎我們永存不死的幻象，它促使我們面對種種抉擇：要怎樣善用餘生。繼而是促使我們重新檢視自己的價值觀。癌症患者不斷提醒牧養他們的人：每一刻都重要；充實地活出每一刻每一天也十分重要。當我們聽人說，化療後重拾味覺有多興奮的時候；當我們聽人說，因為有氣力跟朋友散步而高興快樂的時候，我們就學會更欣賞一些從前視作理所當然的簡單經驗。當我們聽見他們的故事，如何與創造物之間有更密切的連繫，我們就更充分感受到，我們是與一切生命互相聯繫的，並且我們有培育生命的責任。

牧養輔導員有一個富挑戰性的機會，陪伴癌症患者同行，不單是以學生的身分同行，更是在這些人於病中進行新的屬靈探索之時，做他們的領路人。這期間很多人會重新評估那些一直令他們窒息而不是賦予生命的宗教信念和傳統，在這危機當中，人會變得開放，擴闊自己的神觀和屬靈經驗。牧養患者的悠長歲月為重要的改變提供了良機，輔導員可以為那些在邁向完全的路上、重新檢視自己的信仰及靈性的人，提供寶貴的指引和支持。

註釋：

1. James B. Ashbrook, "Living With Cancer as Fantasy and Fact: First Encounter," *Pastoral Psychology* 37, no. 2 (winter 1988): 76. Ashbrook牧養及輔導癌症病人凡三十五年，然後診斷出自己患上淋巴瘤。雖然他非常熟悉癌症和醫院，但是他說聽到自己的診斷結果時，驚訝得心思也不知去向，連醫生問他可有甚麼問題沒有時，他也說不出自己有甚麼需要知道或想要知道的。
2. Avery D. Weisman, *The Coping Capacity: On the Nature of Being Mortal* (New York: Human Sciences Press, 1984), p. 15.
3. 引用牧養輔導員 Michael E. Cavanagh 的話，甚少病「像癌症一樣帶來那麼多肉體痛苦、智力退化、情感蹂躪、社交劇變及靈性毀壞。」參 "Ministering to Cancer Patients," *Journal of Religion and Health* 33, no. 3 (fall 1994): 238。
4. Judi Johnson and Linda Klein, *I Can Cope* (Minneapolis: DCI Publishing, 1988), pp. 15～16
5. Avery D. Weisman and J. William Worden, "The Emotional Impact of Recurrent Cancer," *Journal of Psychosocial Oncology* 3, no. 4 (winter 1985～1986): 5～6.
6. 有關否定的益處與危險，一個精闢而清晰的討論見於 Susan Nessim and Judith Ellis, *Cancervive: The Challenge of Life after Cancer* (Boston: Houghton Mifflin Co., 1991), pp. 47～51。
7. Fawzy I. Fawzy and Nancy W. Fawzy, *A Structured Psychoeducational*

Intervention for Cancer Patients (Cambridge, Mass.: Elsevier Science Publishing Co., 1994), p. 1.

8. 在我所提出的個案中，為著保障當事人的私隱，姓名及某些細節均已更改。
9. Wendy Schlessel Harpham, *Diagnosis Cancer: Your Guide through the First Few Months* (New York: W. W. Norton & Co., 1992), pp. xi～xii.
10. Barrie R. Cassileth, Edward J. Lusk, Thomas B. Strouse, David S. Miller, Lorraine L. Brown, Patricia A. Cross, and Alan N. Tenaglia, "Psychosocial Status in Chronic Illness," *New England Journal of Medicine* 311, no. 8 (Aug. 23, 1984): 509.
11. Jimmie C. Holland, "Cancer's Psychological Challenges," *Scientific American* 275, no. 3 (September 1996): 158.
12. 參 Richard L. Schaper, "Pastoral Accompaniment of the Cancer Patient," *Journal of Religion and Health* 23, no. 2 (summer 1984): 139。
13. 參 Fawzy and Fawzy, *Structured Psychoeducational Intervention,* p. 2。
14. Cynthia McGinnis Richards and Edward L. Palmer, "Cancer and Humiliation: The 'Catch 22' of Disease," *Journal of Religion and Health* 30, no. 4 (winter 1991): 334～335。McGinnis Richards 引述一份研究，內容說及六十三名少年癌症病人當中有百分之七十三點六認為，癌症治療對身體外觀的影響極之重要。
15. 有關癌症對控制權的致命打擊，參心理學家 Robert Chernin Cantor 的討論：*And a Time to Live: Toward Emotional Well-Being during the Crisis of Cancer* (New York: Harper & Row, 1978), pp. 10～14。
16. Richards and Palmer, "Cancer and Humiliation," 333.
17. Johnson and Klein, *I Can Cope,* pp. 94～96.
18. 有關情緒的問題，參身為醫生兼癌病幸存者 Wendy Schlessel Harpham 的討論：*After Cancer: A Guide to Your New Life* (New York: W. W. Norton & Co., 1994), pp. 212～291。
19. Kathy LaTour, *The Breast Cancer Companion* (New York: William Morrow & Co., 1993), p. 331.
20. 在 Bill Moyers, *Healing and the Mind* (New York: Doubleday, 1993), p. 334 中引述。亦參 Morton Kelsey, *Transcend: A Guide to the Spiritual Quest* (New York: Crossroad, 1981), p. 193。
21. Cantor, *And a Time to Live,* p. 223.
22. Colin Ryder Richardson, *Mind over Cancer* (New York: W. Foulsham & Co., 1988), p. 50.
23. 參 Lois A. Lorenz and Frank L. Sullivan, "The Initiation Ritual as a Model

for Oncology Counseling," *Journal of Religion and Health* 26, no. 4 (winter 1987): 309～322。

24. 參 Mary McGlone, "Healing the Spirit," *Holistic Nursing Practice* 4, no. 4 (July 1990): 78, 81。
25. 參 Suzanne C. Thompson and Jennifer Pitts, "Factors Relating to a Person's Ability to Find Meaning after a Diagnosis of Cancer," *Journal of Psychosocial Oncology* 11, no. 3 (1993): 1～21。
26. Wendy Schlessel Harpham 出版過三本書；除了上述引用過的兩本，即 *Diagnosis Cancer: Your Guide through the First Few Months* 及 *After Cancer: A Guide to Your New Life* 之外，她還出版了 *When a Parent Has Cancer: A Guide to Caring for Your Children* (New York: HarperCollins, 1997)。
27. 有幾幅 Tina Fletcher 畫作的複製品及其他一些癌症幸存者的藝術作品被收入一系列名為〈復元的遠景〉("Visions of Recovery") 的問候卡中；由 Zeneca Pharmaceutical Co. 與 Oncology Nursing Society, Wilmington, Delaware 19850～5457 聯合出版。
28. LaTour, *Breast Cancer Companion,* 332，亦參 Ellen Carni 在 "Issues of Hope and Faith in the Cancer Patient," *Journal of Religion and Health* 27, no. 4 (winter 1988): 290 一文的建議：當癌症病人努力保存自己的完整性並對付絕望之時，他們需要找些有創造力的目標，豐富他們的生活，令他們覺得內心有方向。
29. Mitchell L. Gaynor, *Healing Essence: A Cancer Doctor's Practical Program for Hope and Recovery* (New York: Kodansha International, 1995), pp. 40, 223～224。Gaynor 於紐約醫院暨康內爾醫療中心 (New York Hospital-Cornell Medical Center) 任臨牀副教授，在這本書裏面描述他與傳統療法結合使用的默想治療。
30. Holland, "Cancer's Psychological Challenges," 161.
31. Francesca Morosani Thompson, *Going for the Cure* (New York: St. Martin's Press, 1989), pp. 283～289.

第二課

我如今怎樣看神呢？
聖像的能力

「主啊，主啊，
我做錯了甚麼？
我嘗試剛強，
要持守祢的。
主啊，我曉得祢，
我盼望現在補過，
還未太遲。
如今我真的打算
達到祢的。」

愛把我吸引，
平伏我灼熱的靈魂，
柔聲吐出安慰的話語：
「你是我所愛、我所喜悅的，
來發掘我造你之時，
我想你成為的那個人的模樣。」
如今我感覺這永存不朽的朋友
伴我同行，經過苦與樂，
領我走過鋪滿新綠的草原，
用清新希望之歌充滿我心。
我們手牽手前行，
踏進自由奔放的醫治川流。

神聖語言(sacred language)與神聖意象(sacred imagery)對靈性塑造至為重要。語言與視覺符號反映並塑造我們對神同在的體驗。聖經神學十分重視語言，一開始便是神用話語創造世界，繼而進展至以「道」為基督的形像。宗教禮儀的核心是話語和視覺符號。話語構成了牧養事工的基礎。我們在輔導、禱告及其他禮儀中，都提說神的名字。我們的靈性是由我們用以確認那位神聖實在者(sacred reality)的名字和意象孕育出來的。

對身患癌症的人而言，神聖意象和符號(譯按：用以比喻神的象徵、符號)可以在醫治過程中起強大作用。有關神的意象影響著人的信念：神的本性如何？神與人的關係如何？有關神的意象可促進希望或失望，可促進自我價值或自我放棄。把神看成是裁判官的人，與那些把神視為好友的人相比，會覺得自我價值和希望都較低。[1]相信自己的生命有價值，相信造我們的那位是完完全全、無條件地愛我們的，這對康復非常重要。那些反映無條件的忠誠之愛與眷顧的聖象，有極高的治療價值。

牧養評估的一個重要部分，是對每個人心目中神的形像進行評估。我們可以細心留意那些對人具有象徵意義的物件，從中作出間接的評估。這些象徵物可以是一些予人安慰和意義的宗教圖片、肖像或雕像。

他們所用的宗教語言，也透露了他們的神觀和神的形像。[2]除了間接地評估患者的神聖意象外，我們也可以進行直接的牧養評估(pastoral assessment)。根據經驗，我發現人喜歡被邀講述自己心目中神的形像。很多接受治療的癌症病人都喜歡有機會回答一些關於神觀的問題。透過詢問他們心目中的神的形像，我們表達了對他們全人的尊重與關懷。

透過這樣的評估，我們必會發現，很多人的神觀是模棱兩可的，祂既仁慈又嚴厲。人得知患了癌症之後，往往會將神是懲罰者的意象放在最顯著的位置，雖然他們同時也相信，神仍是愛他們的。聖經中神的形像存在模棱兩可，這或可以解釋，為何有很多出於猶太教及基督教的人，很難想像一位充滿無條件的愛和恩典的神。聖經描寫神不但是祝福與喜樂的源頭，也是懲罰與毀滅之源，於是觸發我們的恐懼。我們害怕那位我們存在的根源，同時在某方面也是毀滅者；恐怕那位滋養我們的，似乎也一心要吞噬我們。[3]

年輕的阿東確診患了白血病，他深受困擾，感到這病是神的懲罰，因為他沒有達到教會教導的道德標準。

阿東：我總覺得是神在懲罰我。我曾經為自己的生活方式感到內疚，但是我想又不至於內疚得要作出改變。

院牧：所以你覺得，那就是你患癌的原因？

阿東：唉！院牧，你知啦，我也是頗不羈的——飲酒啦、隨便跟人上牀啦、濫用毒品啦。我從沒做過瘾君子甚麼的，不過是試試而已，醫生認為那不是我得癌症的原因。其實他也不曉得是甚麼原因。但我總是不由自主地覺得是神在懲罰我。我知道我也聽過，不管我們做過甚麼，神都會寬恕我們。

院牧：但是你難於感受到這種寬恕？

阿東 *(歎息)*：我也想相信神寬恕我。

院牧：阿東，你思想到神的時候，腦海中可有甚麼圖畫？

阿東：我不能肯定。有時候我想到在教會裏見過的圖畫。我有一段時間沒上教堂了，也覺得不好意思。不過我記得主日學課室牆上的一幅圖畫，畫的是耶穌的面孔，也不算是微笑著，但他的眼睛看起來是那麼的慈愛，圖畫裏的他看起來充滿人性。我們教會其中一面染色玻璃窗上面是個好牧人。他溫柔地抱著一隻羊——我想也許那就是走迷了的那隻羊，牧羊人要出去帶牠回來。*(淚眼盈眶)*

院牧：你可有想過那些圖畫給了你一些啟迪，告訴你神的愛和寬恕？如果你常常想著這些神的圖畫，想到神是位滿有寬恕的好牧人，想到耶穌慈愛的面容，你會有怎樣的感受呢？

阿東 *(哭著)*：我想神不會做傷害我們的事。或許神可以寬恕我。

癌症患者會首次對自己的神學信念作一番檢視。他們過去可能不加思考或探究，便接受了父母所持守的宗教傳統。他們或許從未探討過自己宗教傳統所教導的神觀及其他教義。一旦患上癌症，可能會對這些教義或神觀產生疑問，又或好像阿東一樣，會用一種嶄新而有益的方式去看傳統的神觀。也許他們的家人和羣體所教導的神觀再無意義可言，帶來痛苦多於安慰；他們開始問神是誰、在自己的經驗中神哪裏去了。他們會尋找新的聖像，一些與自己的癌症經歷較為一致、有助於治療自己的意象。[4]舉例說，假如有人想像神是「仁慈的統治者」(Benevolent Ruler)，控制著一切人與事，他便很難將這個信念與他被斷定患上癌症的經驗調和。當人與神正論(譯按：即表彰神的公正之學)角力之際，甚至會捨棄那關乎神的全知和全能的傳統信念。有傳統教導神是「大醫生」，祂醫治那些信心充足的人；抱持這傳統觀念的人，若信仰沒有帶來他們所祈求的醫治，便會轉而視神為「大奧祕」(Great Mystery)。

罹患癌症的人，或會質疑他們宗教傳統中「神是父」這個深刻的意象。他們開始體會到，自己心目中全然陽剛的神，其廣闊度與安慰程度均不足以幫助他們熬過這病，因此，他們變得比之前容易接受神的陰柔形像。舉例說，有位正在接受化療的年輕人發覺，想像神是個堅強而照顧他的「祖母神」(Grandmother God)，對他的幫助特別大。雖然在他的宗教傳統中，神的主要形像是父親，但是他從未在自己父親的身上感受過無條件的愛，在他成長的日子，他對父親的體會是既嚴苛又諸多壓制的，但祖母就全然接受他，鼓勵他發揮創意。當他想像神是祖母的時候，他就找著了治療過程所需要的信心與愛。

一位中年女士聽到聖經將神擬人化為「智慧之婦」(Lady Wisdom)，她就感到得著能力，在醫生提供的眾多治療法中作出抉擇。這個意象引導她對自己和自己的優點有了新的領悟。她讚歎說：「如果智慧是女人，那麼也許我可以像她一樣聰明。既然她代表著神，我就真的能夠相信我是照著神的形像而造的！哇！我現在有頭緒了！現在我覺得自己夠堅強、夠聰明，可以為自己揀選最適合的治療法了。」

我們的文化鼓勵女性多培養人際交往、多從事培育工作、多與人合作。又期望男人要獨立、要有鬥志。雖然這些特質是與生俱來的、還是羣居生活培養的結果，仍是眾說紛紜，而且有迹象顯示，雖然男孩子與女孩子之間的交往正慢慢改變，但這些傳統的男女觀念依舊不變。艾爾絲女士 (Lauren Ayers) 是位心理學家，據她的研究推斷，那些被我們文化與女性氣質拉上關係的內在力量，可以用來加強一般治療乳癌的成效。據艾爾絲說，我們文化中的女性所培養的技巧，譬如心理洞察力和維持關係的能力，都能夠增強免疫系統，改變乳癌的病情發展。艾爾絲提到有研究證明，不論男女都承認，與女性交往有益健康。她總結說，女性的典型舉止提供了一種情感交流的途徑，能減輕痛苦，促進治療。[5]這個研究對牧養事工意義重大，對聖名與聖像的運用尤其重要。牧養輔導員可以鼓勵人不但與女士們，更與陰柔的神 (Feminine Divine) 建立支援關係。

我們習慣把某些人際相處技巧與女性拉上關聯，若我們賦予這些技巧一個神聖層面的意義，或亦可以更全面地承認男人和我們心目中陽剛的神（Masculine Divine）也著重人際關係，並多多加以栽培。我們消除了固定的男女觀念之後，就能開創新的機遇，讓人與人、人與神建立具培育和醫治能力的聯繫。

牧養輔導員擁有獨特的機遇，引導癌症患者思想一些賦予生命的聖像。很多人對神存著一些模糊甚至不健康的想像，我們可以溫和地帶領他們想像另一些形像。我們在與患者面談和禱告中道出神的名字，從中吸引他們用一些新鮮而又促進健康的方法去經歷神。我們建議用一些描寫神是愛及神滋潤人心的經文，來評論那些描寫神是定人罪及神叫人害怕的經文。魯德兒女士（Rosemary Radford Ruether）的〈釋經學之先知解放原則〉（"Prophetic-liberating principle of hermeneutics"），用一些顯出神如何維護受壓迫者的經文，來批評那些與這個解放傳統相違的經文。這原則指導我們可以如何使用消除束縛的經文，批評那些壓迫癌症患者的經文。[6]此外，一些將神擬為女性的隱喻，可以平衡那些將神擬為男性的隱喻。一般定了型的男女觀念，連同傳統著重神男性形像的主流觀念，更鞏固了很多人的信念，以為神對人是嚴苛多於培育的。我們可以幫助人擺脫那些叫人窒息的形像和傳統而得到醫治，方法不但是平衡神的女性和男性的意象，也運用一些溫柔的男性形像，例如好牧人（詩二十三；路十五4～6），和一些堅強的女性形像，例如母鷹（Mother Eagle）（申三十二11～12）。

「神是母親」這個意象，就跟「神是父親」的意象一樣，有其醫治功效，亦有其局限。這個生產之母的意象，清楚說明那將我們與神緊緊黏合的愛和深情。這個意象的另一個優點在於它以最親密的措詞，表達了一切受造物的親屬關係。與其他意象相比，它能幫助人更全面地體會神的無所不在。癌症患者可以想像自己安躺在那位神聖母親的懷中，從她的乳房汲取養料，因而獲得安慰。像以神為父的隱喻一樣，以神為母的隱喻也有局限。對那些在母子關係之中曾遭受虐待、疏忽、牢籠或拋棄之人，這個隱喻只有很少甚至沒有治療價值。即使是沒有這些負面經驗的人，也可能會覺得母親的形像會助長幼稚的倚賴。牧養輔導員可以幫助部分人把這個意象重新塑造；想像一位渴望孩子能夠發揮所長，並培育他們、指導他們邁向這目標的母親。[7]聖經所描繪的母鷹比喻可以作為模範（申三十二11～12）。母鷹攪動鳥巢，令雛鷹自己飛出去。開始時，母鷹把雛鷹背在翅膀上，教牠們飛，然後突然下降，讓牠們獨自飛，母鷹在旁邊伴隨。當雛鷹太疲倦，無力自飛時，母鷹就再降到雛鷹下面去。這個隱喻顯出神鼓勵人長大成熟，但是當人軟弱時，神養育支持他們。[8]

中年男子格文被斷定患了肺癌，求生意志極強，談起癌症，用的都是戰爭的比喻。打從一開始，他就誓要「跟這場病搏鬥」、「打倒這傢伙」、「打贏這場滅癌之戰」。他要採用最強的治療法。

在接受完手術及一連串化療之後，格文的癌症進入緩解期。大概一年之後，格文開始出現氣喘和頸痛的症狀。掃描及X光檢查顯示肺癌復發，還轉移到骨骼。格文以更大的抗癌決心回應這個消息。他要求再做一連串化療，雖然醫生對這些療法的功效希望不大。格文又試用其他療法，包括鯊魚軟骨及不同的草藥。他還探索參與臨牀試療的機會。

那段日子，格文住在醫院裏，並在癌症門診部接受治療，他很歡迎我的牧養關懷。格文在保守的宗教傳統下長大，在教會一向頗為活躍，擔任執事、教師及數個委員會的主席之職。每逢教會開門，格文就早在那兒。他忠心給教會奉獻，超過入息的十分之一，他相信那是神對他的要求。他住院期間，教會的牧師、執事和會友頻頻到來探望他。雖然格文從未試過與女傳道打交道，甚至不肯定自己是否相信，女人應該做傳道人，但他漸漸從禮貌的寒暄，進展到向我透露一些內心深處的盼望與恐懼。過了一些時日，他開始得意地把我介紹給他的醫生和朋友：「這是我的院牧。」

格文覺得自己正處於人生的盛年，以家庭及事業為樂。他在同一間銀行工作多年，當過不同職位，最近才獲委任為總裁，他以達到這個事業巔峯感到自豪，並計劃一直工作下去。但他的病情逐漸加重，上班變得愈來愈困難。骨頭愈來愈痛，呼吸愈來愈不順，令行動也變得緩慢吃力起來。可是不管他感到多麼不舒服，他仍堅持要天天上班。他告訴我，他事業上的成就以及貢獻社會的能力，賦予他生命意義。格文深深相信，神要他用自己的才幹與成就來榮耀神，他為此負責。

後來格文受到細菌感染，醫生要他入院，起初他還堅拒不肯。結果他在醫院躺了幾個星期，接受抗生素靜脈滴注。痛楚愈來愈厲害，差不多受不了，可是他仍然不肯接受醫生處方的嗎啡劑量，他想儘量保持清醒。我去看他時，他表現得極之焦慮激動，妻子在牀邊安慰他，嘗試平伏他的情緒。格文一開口就告訴我他不會向癌症屈服，他只是暫時受挫，馬上就要恢復工作。他不想要太多嗎啡，他怕上癮，又怕拖慢呼吸系統。

這是頭一次，格文開始表示他害怕死亡。

格文：院牧，我在打一場可怕的屬靈爭戰。

院牧：你可以告訴我，你對這場屬靈爭戰的體會嗎？

格文：我知道撒但正企圖阻止我有足夠的信心。

院牧：足夠的信心去做甚麼？

格文*（不耐煩地）*：你知啦，足夠的信心得醫治嘛。

院牧：噢，原來如此。你相信你得醫治要看你的信心。

格文：喔，也不全是這樣。我知道也要看神的旨意。但我曉得神的旨意是要我得痊癒，我只要有信心。

院牧：你會不會想，或許有不同種類的醫治呢？

格文：甚麼意思？

院牧：醫治可以是超乎身體的痊癒，甚至會有種種更深層的醫治。

格文 *(變得更激動不安)*：我怕自己沒有達到主的要求，我就是覺得達不到標準。我沒有吸煙喝酒甚麼的，所以我想肺癌不是我造成的，但是我懷疑自己的生活達不到標準——你知道啦，那個按才幹接受託付的比喻——我領受了那麼多，真不知道自己有沒有好好盡用。主多給誰，就向誰多取。

院牧：那麼，你看神是個冷酷嚴苛的主人了？

格文 *(一面使勁呼吸，一面加快語調但減輕聲音)*：院牧，你熟讀聖經。耶穌說不是每一個叫「主啊，主啊」的人都進得天國，主只會讓那些遵行祂旨意的人進去。很多人會爭著要進去，向主說他們奉主的名做過這麼一大堆好事，但是主叫他們離開，說從不認識他們。只有那些結好果子的人會進去。我不曉得自己有沒有結出足夠的好果子。你知道主會將綿羊和山羊分開，我就是不曉得自己的生命有沒有結出足夠的果子。

院牧：那麼，你是認為一切都在乎你自己，和你自己做了多少。

格文：喔，那又不一定。當然，我也聽說過恩典的事，我自己也教人，得救是本乎恩。

院牧：格文，我敢說你一定學過這經文：「你們得救是本乎恩……這並不是出於自己，乃是神所賜的。」

格文和我花了幾分鐘你來我往地引述聖經。我盡力回憶一些談及恩典的經文，他則滿眶恐懼，用顫抖的聲音，以他認為是「主的要求」的經文來反駁。我清楚看到，格文的神學帶給他的是苦痛多於安慰。[9]但我也明白，格文的屬靈需要是不會從引述經文或神學討論之中得到滿足的，他需要的是在最深的層面體驗恩典，從中獲得最終極的希望。

我曉得格文所講的未來審判，是建基於他心目中神的形像；他看神是一個主人、地主。這些意象顯示一個獨攬大權的統治者，他要求人民屈從於他，人民要是達不到他的要求就要承擔後果。這些主人和地主的意象，不管距離其根植於封建、奴隸社會的原來處境有多遠，仍然帶著強烈的苛求和審判的色彩。格文認為神是主人、地主，這觀念帶給他的是痛苦與絕望，而不是醫治與希望。我知道格文跟他已逝世的母親關係十分健康親密，於是大膽嘗試以下的談話。

院牧（*挨前並握著格文的手*）：你可曾想過神是位慈愛的母親，不管怎樣她都接納我們、愛我們？

格文（*哭著*）：我記得我可以怎樣跟母親傾談，她總會明白我的。儘管我明知自己有時候令她失望，我仍然覺得她愛我。

院牧：她從來不會叫你走，從來都不會說「再也不要見到你」這樣的話。

格文：啊，是的，從來都不會。我知道她完完全全愛我、接納我。

院牧：如果你地上的母親這樣愛你，我們天上的母親 (Divine Mother) 肯定更愛你，永遠不會離開你、丟棄你。

格文 *(嗚咽著)*：我想感受那份愛。院牧，請為我祈禱。

院牧 *(將另一隻手放在格文的肩上)*：神啊，你像母親安慰兒女一樣愛我們、安慰我們，願格文在他心靈深處感受到你安慰的恩典。願他感受到被你擁入愛的懷中，在你的平安中得著撫慰，被你柔和的聲音平靜下來。「體諒我們的母親」(Understanding Mother) 啊，當你完全的愛與接納像使人復甦的河水流過格文之際，願他感受到你醫治他身心靈最深的創傷。願你沖走恐懼，叫他的心重新感受到你同在的喜樂和盼望，從今直到永遠。阿們。

禱告完了，我繼續握著格文的手，漸漸地他不再哭泣，身體放鬆了一點，徐徐入睡。隨後的探望中，格文顯得比前平靜，並表示感受到神的愛和接納，而不是被神審判。雖然他一直沒有得到所祈求的醫治，但是他經驗到神的愛，而我能夠參與他的這個內心轉變，是可喜之事。

「神是朋友」(Divine Friend) 的意象，在醫治上含有重大意義。麥菲格女士 (Sallie McFague) 發覺，這個比喻在基督教傳統中有特別強的支持。耶穌與門徒交往，並沒有看成是主僕的關係，而是以朋友相待 (約十五12～15)。在所有人際關係中，友情最能容納平等、自由、互助和彼此陪伴的可能。[10]柯麗珍女士 (Regina A. Coll) 相信，神是朋友這個意象對人的幫助特別大，因為朋友不會向對方要求或吩咐甚麼，甚至是愛。在我們與神這位朋友的關係中，我們可以盼望享受到朋友之間的恩慈以愛相待。[11]「神是朋友」這意象會幫助患者放棄一些感受，不再以為神在這場癌病之中對他們有所要求，而且那要求是他們不明白或者不能做到的。他們與神這位屬天朋友的關係，在癌病期間給他們帶來所需要的友誼、互愛和醫治能力。

在一個癌症支援小組裏，有位名叫莎娜的年輕女子，一個又一個星期靜靜地坐著，從不說一句話，除非有人直接問她甚麼。當其他組員問她近況如何，她只會微笑著說：「噢，我很好。」但是小組的組長以至其他組員，都看得出她很傷心。

小組第七次聚會的課題是屬靈問題與癌症。聚會開始的時候，組員述說確診患癌前後的屬靈經歷，莎娜採取一貫的超然態度。有人說到癌症如何改變了他們心中神的形像和神觀，又有人描述如何從相信神是個遙不可及和定罪的神，轉而相信祂是個明白他們、與他們一起受苦的神。有幾位組員談及對神的怒意，然後又因自己的怒氣而感到內疚。我是該小組的組長兼屬靈導師，我告訴他們憤怒是哀傷期的正常表現，並肯定向神發怒是聖經中信心人物的重要經驗。我特別指出詩篇所記載的對神的控訴，以及這樣的憤怒如何促使人與神建立更真確的關係。

這時其中一位組長發覺莎娜在飲泣，他上前好言相慰，莎娜便開始傾倒自己對神的怒意。當莎娜只有十歲，母親便死於癌症。家人和教會中人都告訴她，母親的死是神的旨意。於是莎娜孕育出一個神的形像：神是天上那個毫不關心人的統治者，祂令壞事發生。對神深深的怒氣在她心裏滋生，但別人不准她說出自己的感受。每逢她問到為甚麼她母親死於癌症是神的旨意，她便會得到這個答覆：「不要問為甚麼！神不想我們問為甚麼，質問神是不對的。」漸漸地她把神視為審判官，如果她犯錯，神就會懲罰她。與這個形像相連的，是一種揮之不去的感覺：她以為或許是因為自己做錯了甚麼，神才把母親取去。二十多年來，莎娜陷於這些憤怒與內疚的感覺之中。她長大成人之後，這些強烈感受令她遠離教會，禱告變得十分困難，她差不多放棄相信神。

她被斷定患上癌症之後，有一種很深的屬靈渴求，是她不曉得怎樣去滿足的。莎娜有個八歲大的兒子，她不想兒子有她從前所掙扎的神觀，她想不通應否帶兒子上教堂。她希望兒子能夠從一個社羣得著支援與安慰，但又不想他像自己從前那樣，要忍受憤怒和內疚之苦。莎娜尤其害怕兒子在教會學到的神觀，與她從前所學的一樣，因而斷定她患癌是神的旨意。因此她在為自己得了癌症而有逐漸強烈的屬靈掙扎之餘，還要為著如何向兒子披露病情而大感苦惱。

組員們聽到莎娜的傾訴，以關心和了解去回應。有些組員說出自己確診患癌後，在宗教信仰方面所經歷的掙扎。我提出他們對神可以有多種看法，其中有神是關心我們的朋友，祂明白我們的感受，甚至與我們一起感到憤怒。我給他們傳閱一些明信片，上面是一位畫家繪畫的一些聖經所載的神的意象，其中有安慰人的母親和智慧等女性化的意象。[12]小組大多數成員都覺得，這些對神的看法十分新穎，組員並談到這些圖畫所激發的良好感覺。

我引導組員默想，想像神用一種令他們感到能夠得著安慰和醫治的形式臨近他們。其後我請他們隨意分享自己想到的聖像。莎娜第一個發言。默想期間，莎娜想像神是早前我給他們傳閱的圖片中那個神是智慧的形體。莎娜想像這形體像朋友般伴她同行，握著她的手，並向她說：「我明白你的感受，我為你而來。」莎娜表示，藉著這個意象(神是安慰明白她掙扎的朋友)，她感受到慰藉與平安。有這位朋友同在，她的感受就好像如今她在支援小組關愛她的人身上所感到的一樣。她說這是頭一次，她不再看神是決定或操控萬事的，而看祂是一個朋友和同伴。雖然這個意象仍會給她留下大堆未能解決事情為何要發生的問題，但這樣的一位神對她來說是比較容易相信的。

當她接受骨髓移植的時候，她感到視神為同行的朋友這個意象給她帶來了能力。她也相信可以幫助兒子相信這樣的一位神，儘管這個意象未必能夠回答他問的「為何她患上癌症」的所有問題。對她來說，容忍一些解答不了的問題，比在生活中老是想著神是個無情的統治者和審判官要好過些。莎娜體驗過與這位屬天朋友的接觸，覺得有信心自己和兒子都能夠走畢整個療程。

牧養輔導員有機會在支援小組、個別面談、禱告、聖禮之中使用聖名和聖像，從而引導癌症患者朝著得醫治的經驗進發。很多人看牧師的歷史角色，也包含了呼求神名字的能力。當我們所牧養的人的神觀給他們帶來的是苦惱而不是滋養時，我們可以溫和地提出其他認識神同在的方法。

有些正在與癌症搏鬥的人，會在情感和靈性上出現倒退的現象，緊抓著某些感覺熟悉的聖像，也不管它們是多麼的不健康。在被斷定患上乳癌之前幾年，黛寶拉(參第一課)已開始集數個宗教傳統之大成，勤練冥想。她形容自己「正在誠心經歷一次探求」。確診之後，她在這個複雜的信仰系統和被神懲罰的幼稚感覺之間，搖擺不定。以下的談話顯示出黛寶拉的早期感覺，夾雜著她一些成熟的想法。

黛寶拉：當我被斷定患上癌症之時，我想到神是個懲罰人的神。*(哭著)*我還以為你需要的成長條件都是給了你的，不幸的是，有些人要當頭棒喝才會成長。我還以為我們在世追求的是要變得像神。

院牧：你看神有棒打你的頭嗎？

黛寶拉：那真的喚醒了我。*(哭著)*那是很難做到的，不過我想祂會給你去做的工具。我想神會為我們所有人鋪路，而我們則要對準自己行得通的路。對我來說，那好像是一次沒完沒了的訓練，假如我不夠專注，在某一點上錯過了一些資料或一些有用的東西，那一點還是要再出現的。它總會在那裏，隨處可見。可能在我與鄰居閒談間出現；可能在一個電視節目中出現，或者一首歌，或者我正讀著的甚麼。

院牧：黛寶拉，這聽起來好像你覺得神一直都在你的探求上幫助你。如果你多把神看成是一位鼓勵你成長的朋友，而不是個棒打你頭的懲罰者，你會覺得怎樣？

黛寶拉*(滿腔熱情地)*：對，那感覺會好些。我想那是對的。也許像我從前的一個屬靈導師。他溫和地建議我讀些甚麼，或用甚麼新角度去看事物。而我教會的一位傳道人，就做過我的這麼一個朋友。她聆聽我的心聲，幫助我放鬆，對神的關懷更開放更醒覺。也許如果我心想神就像這些朋友一樣，就會幫助我感受到神愛我。*(哭著)*我真的相信神是愛我的。

院牧：但你很難感受到神的愛？

黛寶拉：你說神是個潤澤心靈的朋友，聽起來很真實。我承認自己是知道的，就是不曉得怎樣說出來。我想我是不懂得怎樣去感受。

院牧：也許稱呼神為朋友，能幫助你體驗神那充滿愛的友誼。

在牧養輔導中挑戰一個混亂或不健全的信仰系統，潛存著強大的醫治能力。黛寶拉原本在屬靈探求上正漸趨成熟，而確診患癌就好像是一個重大打擊，她在驚愕害怕之餘倒退到早期的信念去，以為神在棒打她的頭，不過她成熟的神學觀念仍在，所以當我建議為那藉癌症令她成長的源頭重新命名時，她可以很快作出回應。

很多癌症患者很難感受到被愛。手術、化療、放射治療導致的改變會令他們不喜歡自己的身體。事業和家庭地位改變或喪失也會影響自我價值觀。因為他們很難愛自己，於是會懷疑別人——甚至神——能否真的愛自己。有些人表示覺得被自己的身體出賣了。他們或會將身體與靈魂分開，相信神愛他們的靈魂，但不關心他們的肉體。「醫治者」與「無條件的愛」這些意象對醫治有重大意義，可用來消滅某些傳統宗教觀念中身體與靈魂的割裂。

查理斯(參第一課)患了何傑金病，接受大量化療，並服用醫生開方的類固醇，導致體重驟增，他因而自尊受損。最能幫助他的，是將從不同來源接收到的「絕對的愛」的信息，化為自己的一部分。我請他詳談他對這愛的體驗，以及他想像這愛的方法。他於是談到他觀念中的神：

聖靈是最顯著的意象。當我病倒時，就想像神是醫治者。我想在聖靈裏面，神是位醫治者。帶來醫治的是愛。我和這愛接觸，就感到完全；它給我撐下去的力量，醫治我，凡我想要的都給我。我也想像神是位母親；我想女性比較善於治療，也比較注重情感。我也想到耶穌，因為祂曾經為人，曾經像我一樣受苦。不管我做甚麼，我的外貌如何，耶穌都明白我、愛我，我也要愛自己。

耶穌作為一個人、與查理斯一同受苦這個意象，令查理斯感受到無條件的愛。透過這種認同，查理斯覺得愛已成為他的一部分。

牧養輔導員有機會幫助癌症患者發現，屬靈能力的活動範圍不但在身外，也在身內。當人被斷定患了癌症，常會描述一種與自己身體疏離的感覺。西方宗教傳統的希臘二元論外觀，更加深了這種靈魂與肉體分離的想法。一些慣用了的神聖名字和意象，未必能幫助人在肉體與心靈的整合上得到醫治。塞耶 (Nelson Thayer) 提出於牧養中使用神同在 (Divine Presence) 的意象，來促進轉化過程中患者的開放和參與，以及激發患者對那位滋養人心的聖靈之感悟。塞耶相信，這個意象令我們更加明白神人關係中的自己。我們發現自己內心深處的真貌之餘，也發現那位存有 (Being) 的奧妙。如此一來，我們就放開了神是終極家長、審判官、統治者等意象。[13]

活著的神在我們裏面、與我們同在的這個意象，肯定了整體的身心靈是神聖的。對於那些覺得與自己有病的身體割離或為之感到羞愧的癌症患者，這樣的肯定會是一股強大的力量。一位中年男士表示：「我長大的教會有一面染色玻璃窗，上面有一幅神的圖畫，一個滿頭白髮、長白鬍子、穿白長袍的老人。我每個星期看著那幅圖畫，就想到神是個男人、是父親。自從我得知患上癌症之後，我就把神想像成沒有性別的。」他又說，如今耶穌的人性成為圖畫中的一個重要部分，那幫助他感受到耶穌明白他的痛苦，愛護他。但是他說不能確定聖靈在畫中的位置。我問他：「會不會是你心內的聖靈，給你愛和能力熬過這病呢？」他答道：「可能是那樣吧。有一個晚上，我感受到神來到我的房間，充滿我整個人，一道暖流漫過我身，在我四圍形成保護罩。」我問他這經歷怎樣影響了他對自己的想法。他回答說：「有力量、被愛、受保護、被接納——被深深接納。」

很多時候，我在牧禱中用意象來引導患者感受那位在他們心中臨格的神。他們如果能夠發現，終極的生命和醫治其實在他們裏面活著，他們就更能投入參與在自己的醫治中。當我說出人心內所想到的神的名字時，會用一些措辭像「活在阿美裏面，一切平安、醫治和能力的聖靈」，或「健強裏面那位豐盛生命和醫治的源頭」。在輔導面談中，我也鼓勵人將有效的聖像內化。在下面的談話中，我的目的是要肯定一些抽象與具體的聖像之醫治能力，從而為患者的靈性提供內在與外在的支援。

洛伊絲：我想自從患了癌症以來，我的神觀已有所進步，比以前更廣闊了。我很少想像神是人的樣式，儘管我知道耶穌也是人。雖然耶穌現在仍然藉著人的樣式作工，祂已經不再以人的樣式存在。有些我十分喜愛的聖詩，差點兒叫我落淚；它們形容神是全能永恆的、涵蓋一切的、聖潔的、永存不朽的。我最愛的讚美詩是《神是我的避難所和力量》。

院牧：聽起來它帶動你想到，神是大有能力的，並且祂超乎我們的理解。

洛伊絲：對啊！一唱《虔誠敬拜》我就哭；那是我最愛的聖詩。我想像到一道巨大的光，和一羣用翅膀遮蓋身體的天使，在神的臨格中不能直視。

院牧：你想到神是大光，強烈得我們不能直視。

洛伊絲：明亮的大光，照亮一切。我們要在祂的臨在中蒙上眼睛。

院牧：這個意象很有力量。在這段日子中，有沒有其他幫助你的意象呢？

洛伊絲：在我修習默想的臥房，有一幅掛在十字架下面的圖像。那是聖母和聖嬰的圖像，是手繪的，上面鍍了銀。我喜歡看它，它是那麼好看。我又隨身帶著一幅瓜達鹿白聖母像 (Virgin of Guadalupe)〔譯按：瓜達鹿白山脈位於西班牙中部〕，她周圍有火焰包圍，腳前有盛開的黃玫瑰。那一直是我最喜歡的聖母像。這畫裏沒有聖嬰。還有，不久之前我有機會到訪聖母顯現之地法蒂瑪 (Fatima)，在那兒買了一條唸珠，我常常用它。

院牧：這些是一些重要的聖像，你看得見，摸得到。

洛伊絲：是的，我最愛探訪聖地，我信唸珠和圖像。

院牧：聽起來你這些圖像裏似乎也包含了一種女性化的神觀。被火焰包圍著的瓜達鹿白聖母，聽起來似乎是很有力量的一個女性化的神的形像。

洛伊絲*(熱情地)*：是啊，你說得對，你說得對。我從沒有這麼想過，可是你說得對。我是會找一個女性來尋安慰的。你激發了我用一種新的眼光去看事物。

藉著女性化的聖像將神的臨在拉近，這對洛伊絲變得愈來愈重要了。經過高劑量的化療之後，她的體能多方受到限制。她經驗的副作用包括視力衰退與精力減退。僱主體諒她，雖然她的工作能力降低了，仍准她恢復工作。但是她發覺不能繼續做志願工作了。她視自己為好基督徒的條件一向包括了照顧別人。她表示：「單單因為生病就甚麼都不能做，令我覺得很難過。毫無貢獻令我覺得很不舒服。」較早時洛伊絲告訴我，她在工作場所幫助了其他癌症患者，人們會走到她的辦公桌旁邊跟她說，他們認識某個患上癌症的人；她又會收到求助電話。於是我說，她向人述說自己的遭遇已是一種貢獻，跟她從前做志願工作的貢獻相比，實在有過之而無不及。我又用她十分重視的女性化聖像來肯定，神是在她裏面的，並藉著她作工：「洛伊絲，你記得你告訴我，你隨身帶著一個瓜達鹿白聖母像，只要她在你身邊，你就有那麼大的力量和安慰。現在她與你同在，而你也就像她一樣，你在哪兒，就給那兒的人帶來希望和安慰。」她回答說：「我沒有那麼想過，但這聽來是真的，也許那就是為甚麼我一直把她帶在身邊的原因。」

牧養輔導員有珍貴的機會，引導癌症患者正視自己的神觀中所含的正面和負面的意義，向他們肯定那些賦予生命的意象，而質疑那些導致痛苦和疾病的意象。這不一定是容易做到的。有些人心目中神的形像根深蒂固得很，當牧者建議給神一個新的名字時，他們不能爽快地回應。萊斯德説過：「一段敍述文愈是牢牢紮根於較寬廣的文化世界觀，要解構它就愈是困難。」[14]同理，質疑一個紮根於文化世界觀的聖像，會是既具威脅性、也是十分困難的事。男性化的聖像深深牢紮於我們的父權文化之中，當牧養輔導員為著公義和醫治而挑戰這些意象時，會遇到極大反抗。就連那些沒有參與甚麼宗教組織的人，往往也會吸收了我們文化裏面的神觀，把神看成是「樓上那位」。不少人—— 例如格文—— 一生活躍於宗教機構，會覺得難以重新檢視一些像主人、地主之類的傳統意象。牧養輔導員即使提出一些新意象，也不一定能引導他們更改自己稱呼神的方式。但是，好像格文那樣，適時的面談或會令他們對神與自己的關係生出不一樣的感受。

患上癌症，可能使人對那位屬靈的實在者(Reality)持一個嶄新的開放態度，他可能會為著回應自己的新經驗，擴闊自己的神觀並他對神的稱呼。此時輔導員如提出新的聖像或聖名，就會打開通往醫治與成長之門。靠著輔導員的支援和指導，癌症患者會放棄那些妨礙健康的聖像，而擴人那些熟悉的、有醫治潛力的，擁抱那些可能帶來醫治和健康的新意象。

註釋：

1. 參 Andrew D. Lester, *Hope in Pastoral Care and Counseling* (Louisville, Ky.: Westminster John Knox Press, 1995), p. 82 就神的意象對塑造希望過程的影響所作的精闢討論。
2. George Fitchett 堅稱屬靈評估十分重要，能引導我們的牧養會談轉移到信仰及生命意義的核心，以及我們如何理解這些核心事物對我們的行為的影響。根據 George Fitchett，屬靈評估包括了評估宗教物品和宗教語言的象徵性質。參 *Assessing Spiritual Needs: A Guide for Caregivers* (Minneapolis: Augsburg, 1993), pp. 20～45。
3. 有關聖經中對神的形像的描述，其中所呈現的模棱兩可的問題，參 Leroy Howe 發人深省的討論：*The Image of God: A Theology for Pastoral Care and Counseling* (Nashville: Abingdon Press, 1995), pp. 30, 87～88。
4. 參 James B. Ashbrook, "Living With Cancer as Fantasy and Fact: First Encounter," *Pastoral Psychology* 37, no. 2 (winter 1988): 79～83 的討論；他論到透過比喻和象徵從患癌經驗追尋意義之重要。
5. Lauren K. Ayers, *The Answer Is within You: Psychology, Women's Connections, and Breast Cancer* (New York: Crossroad, 1994), pp. 38～39, 231～237。參 "Can Psychotherapy Prolong Cancer Survival?" *Psychosomatics* 31, no. 4 (fall 1990): 364， David Spiegel 根據有關與女性交往的研究而作出的結論。
6. 參 Rosemary Radford Ruether 的討論： *Sexism and God-Talk: Toward a Feminist Theology* (Boston: Beacon Press, 1983), pp. 23～24。
7. 有關神的母性意象的價值，參 Margaret L. Hammer 的討論： *Giving Birth: Reclaiming Biblical Metaphor for Pastoral Practice* (Louisville, Ky.: Westminster John Knox Press, 1994), pp. 58, 204～209。又參 Sallie McFague 對神的母性意象的力量之討論：*Models of God: Theology for an Ecological, Nuclear Age* (Philadelphia: Fortress Press, 1987), pp. 113～166。
8. 有關聖經中描述神是母親的意象，參筆者的討論：*In Whose Image? God and Gender* (New York: Crossroad, 1990), pp. 21～26。
9. Gordon J. Hilsman 在 "Competencies of the New (and Some Old) Spiritual Care Work," *Caregiver Journal* 12, no. 2 (1996): 4 一文中強調，牧養關顧員不但要認識對象所信的是甚麼，也要了解這些信念對他的健康有何幫助。
10. 參 Sallie McFague 在 *Models of God* 一書頁 158 至 180 中就神是朋友這模式所作的討論。

11. Regina A. Coll, *Christianity and Feminism in Conversation* (Mystic, Conn.: Twenty-Third Publications, 1994), p. 45.
12. 這些圖畫是威斯康星州 Fond du Lac 聖阿格尼絲堂（Congregation of St. Agnes）的會友 Doris Klein 的作品。如欲訂購畫作可去信 Heartbeats, 2259 Columbus Road, Cleveland, Ohio 44113, USA。
13. 據 Nelson Thayer 所說，把父母語言用在神的身上，常會加強個性中的某些元素，即是幼兒期間所遺留下來的心理社會衝突，而這些未得到滿足的倚賴需要、有條件地被接納的感覺、以及對權威父母的怨恨，微妙地阻礙了屬靈成長。參 Thayer 的討論： *Spirituality and Pastoral Care* (Philadelphia: Fortress Press, 1985), pp. 102～116。
14. Lester, *Hope in Pastoral Care,* p. 136.

第三課

可還有希望？
帶來醫治的神聖故事

我們以故事編織生命，
糅合
寬與窄、
沉悶與活潑、
黑暗與光明，
用無盡的線
縫合
零碎的片段。
我們的故事連於創造。
我們的故事帶來美的啟示，
在聖潔的掛氈上
徐徐開展。

「可還有希望？」這個叫人肝腸寸斷的問題響遍腫瘤科診室、化療室、放射治療室和醫院的癌症病房。確診患癌之後，患者最初表現的一種感受，就是對未來的恐懼：「我還有將來嗎？」「我的日子還剩多少？」「如今我的將來會是甚麼樣子呢？」確診患癌對個人塑造希望的過程帶來極大衝擊，當他的所有精力都集中於求生之時，對未來的計劃就要推遲或取消。

癌症患者最常表達的一種感受，就是失控的感覺。他們覺得，其中一件再也不能控制的重要事情就是自己的將來。過去他們覺得，能夠為未來的三年五年訂定目標，並計劃如何達到這些目標，然而突然間，他們覺得自己的未來不在掌握之中。訂定目標有助於規劃人生，是計劃的重要元素。很多時候，癌症令人喪失了那些予人生命意義的目標。有一份社會心理性調查研究發現，假如癌症患者願意接受這病，並調整對未來的構想，改變自己對癌症的看法，或者改變自己的目標，他就能重新發現生命的意義。[1]

當癌症患者忍受著不能確知未來之苦的時候，除了有失控的感覺之外，也有焦慮的感覺。正因為這個原因，一些人勉強要醫生估計他們還剩下多少日子，儘管當醫生要為這件自己不能確定的事表態時，也感到為難。有些人寧願知道自己只剩六個月活命，也不願忍受不明朗的前路所滋生的焦慮。看不見前路或更好的前路，令一些癌症患者墮進絕望之中。

近年，愈來愈多人研究身心靈在治療中的關聯。人們對這等研究的興趣也愈來愈大，這可見於某些書籍的一紙風行，例如莫爾斯(Bill Moyers)的*Healing and the Mind*(《醫治與心靈》)及杜西(Larry Dossey)的*Healing Words: The Power of Prayer and the Practice of Medicine*(《醫治的話語：祈禱的力量與藥物治療》)。精神神經免疫學(psychoneuroimmunology，簡稱PNI)方面的研究，正是為探索心靈、情緒與免疫系統之間的關係。雖然直到目前為止，研究結果仍未能證實，癌症患者塑造希望的能力(hoping capacity)與其生存率有直接關係，但一般都相信有這個關係。[2]因此，有些人會請求醫生，即使癌症復發也不要通知他們，以免他們「放棄希望，會就此死去」。很多時候，當病人接受手術時家人聽到「壞消息」，都會加以隱瞞，因為他們相信病人會「失去希望」。有些癌症患者認為自己之所以能活得長久，全靠滿懷希望的態度。希望除了或者與生存率之間有關聯之外，也與有效應付生活的程度和生活的素質有關。[3]

癌症患者所懷的希望種類繁多，其中求生的希望通常十分突出；此外患者也表示抱有很多別的希望：希望改變關係、希望找著新的人生意義、希望靈性長進，希望達到目標、希望藉控制痛楚而維持生活的素質、希望地上生命結束後進入終極的屬靈生命。有些醫護人員對希望存著偏狹的觀念，著重幫助患者面對自己的病情，過於幫助他們培養希望。正如一位最近確診患了肺癌的女士告訴我：「我的腫瘤科醫生似乎坦白得有點兒殘忍，她好像覺得有責任要我面對現實不可。雖然我很想知道自己的身體狀況，但我不需要灰暗的解釋，她總可以說些令人感到有希望的話吧。」幫助人實事求是地面對自己的癌症並不等如要抹殺希望。

莫特曼非但不認為希望不切實際，反倒說，惟有希望才可以算為「實際，因為惟有希望是認真地看待一切現實所充滿的可能性。」他繼而解釋，自己對希望的看法不是只看事物的現況，而是看它們的發展和轉變；因此希望不是「在暗淡的存在之上一點轉化的微光，而是現實的做法，看出我們實際擁有的全盤可能，因此，希望推動一切，並將一切維持在一種常變狀態。」[4]卡普斯說，在過去的一個世紀裏，神學信念的處境已由固定轉為不住轉變的。因此焦點已從解釋現況轉為：會有甚麼改變。神學的時態也不再局限於過去或現在，還包括了未來。問題不再是「為甚麼？」而是「哪個？」——將來會以哪個形式出現？[5]癌症患者通常也經驗到類似的進程。尋求為何患上癌症這個問題的答案，這在哀傷過程是重要的；但是轉而問：將來會怎麼樣？這就是希望過程中不可或缺的部分了。法根咸（Emil Fackenheim）表示，猶太人歷盡數千年被放逐與迫害之苦而仍然遍佈各地，只為一個原因，就是他們有滿懷希望的能力：將來會更美好。猶太人的彌賽亞盼望，支撐著他們度過無法言喻的苦難歲月。[6]

癌症患者所講所聽的故事，影響了他們塑造希望的過程。由於癌症的經驗，他們探索存在的意義，這包括了尋找一些貫串生命的模式。癌症患者透過講述自己的故事，將目前的經歷融入自己的人生故事中，從中發現對未來的希望。他們檢視自己的故事，試圖找出自己患病的原因；他們又講述自己的故事，從而探究自己可為這病做些甚麼。那些塑造他們的宗教故事和文化故事，也一起編進了他們的人生故事之中。對不少猶太人和基督徒而言，聖經中的故事為他們的經歷提供了他們所意識到或沒意識到的背景，他們會特意轉向聖經中的醫治故事來尋求希望。他們也渴望聽到其他癌症生還者滿載希望的故事。單是提供一些統計數字，讓他們曉得患他們那種癌症的人的生存率，固然會給他們帶來一點希望，但個別生還者的故事就有力得多。因此，很多人選擇那些具有過來人推薦而不是科學證據支持的另類療法。有人藉著某一種療法得到痊癒，他的故事會比無數統計研究更有助於塑造希望的過程。

在*Hope in Pastoral Care and Counseling*（《希望之於牧養關懷與輔導》）一書中，萊斯德詳盡地說明，希望與他自創的新詞——「未來展望」（"future stories"）——之間的連繫。萊斯德把「未來展望」定義為：我們用來填滿自己未來的自定內容；這些展望「對我們的核心故事之結構有著重大貢獻；而這些核心故事就如一幅掛氈，我們的終極身分從它們交織而成。」[7] 萊斯德根據敘事理論及世事無常的觀念，提出有力的論證，說明未來展望對塑造希望的過程如何重要。敘事理論家已經確立一套理論：人是憑著記憶中的過去和想像中的未來建構故事，從中發現意義並形成自我的。牧養神學過去以行為科學及社會科學為其人類學的基礎，焦點主要放在過去與現今的世事上，既忽略了時間意識中的未來一面，就未能為牧養關懷及輔導，提供一個足以打倒絕望並培養希望的理論架構。萊斯德根據人類時間意識中未來一面的重要性，提出一套塑造希望的牧養神學（a pastoral theology of hope），並以這神學為基礎，提出一個牧養關懷及輔導的模式。這個模式，特別是有關建構「未來展望」的一環，促使我在關懷癌症患者時，也用上了講述神聖故事的做法。

癌症患者說的故事，對講者和聽者的靈性成長都有屬靈價值。牧養輔導員若明白故事啟迪人心的能力，就能促進病人的康復。故事在聖經的啟示中十分重要，同樣，癌症患者講述的故事揭示了與那位神聖實在者相連的人生是充滿著種種可能的。牧養輔導員可以指導病者從屬靈的角度詮釋自己的故事，化絕望為希望。

與癌症搏鬥的人或會第一次開始反思自己的人生經歷。透過講述自己的人生故事，他們會開始為自己的聖潔感恩。康倫（James Conlon）為故事的屬靈價值提出有力的論證：

> 故事提供了一個富有意義、連貫性及統一感的格式。故事是揭示我們是誰的主要工具。人類經驗最好以故事形式來描繪。好的故事聽起來是真確的，把我們與神聖的事物聯合起來。它提醒我們自己的根是甚麼，並鼓勵我們思想自己會終歸何處。它加強我們反思的能力，並給予我們力量更投入生活。……哪裏有解放的行動，那裏就有被人傳誦的故事。……我們與神的關係是以講故事的形式作為中介的。[8]

講述自己的故事比任何方法都更能使癌症患者深深體會自己的靈性。故事表現靈性，因為故事說的是心靈的語言。在艱難時期、人的能力來到盡頭之時，人就特別會說故事。說故事提供一個途徑，讓人探索生命的根本奧祕。[9]

近數十年來，敍事理論大大影響了心理學、哲學和宗教方面的研究。侯維思（Stanley Hauerwas）與瓊斯（L. Gregory Jones）搜集了一批有關敍事神學的文章，其中顯示敍事文的應用既複雜又多樣化，從釋經學到認識論都有。他們相信，敍事對神學和道德反思都非常重要，儘管有些用法造成矛盾與混亂。[10]在侯維思與瓊斯收錄的文章之中，納思邦（Martha Nassbaum）在其中一篇提出有趣的討論，說明敍事文對文化中的情感生活之重要。敍事文對實際反思的過程十分重要，因為它們牽動情感，又因為它們是情感範型的例子。故事所包含的具體判斷和反應，比起抽象的理論，更能全面地容納我們最深層的價值觀和道德感；然而，如果不加批判便倚仗從故事經驗所汲取的材料，那就是不智的做法。因為故事能容納並教導不同形式的情感，因此是可以透過重新編寫或「消除性寫作」（"unwriting"）來改變情感的。[11]麥智（Johann Baptist Metz）在同一批文章裏的一篇提醒我們，並非所有故事都對牧養關懷具有同等價值，有些故事加強不健康的倚賴和壓制的情況，有些則針對社會作出批判，提倡解放。[12]因此，牧養輔導員有責任引導人評估自己的故事，「消除」那些使人痛苦或具破壞性的故事，而重寫那些帶來希望和醫治的故事。

克萊斯（Stephen Crites）從現象學角度研究，認為故事是人類經驗的基礎。他堅稱「隨時間而有的經驗，其形式上的本質本來就是故事。」[13]即是說，人類不但藉故事傳遞過往經驗，也是以故事形式來理解現在和將來。據克萊斯了解，人類的故事經驗分兩種：一是神聖故事，一是世俗故事（mundane stories）。神聖故事深藏於一個民族的文化意識層面，是人建構自我和世界觀的基礎。這些並非直接講述的故事，把人連接到所處世界的現實之中。至於直接講述的世俗故事，就成為人闡明及澄清自己對現實的認識的途徑。克萊斯指出，這些區別並無意包含價值判斷或宗教意義，不過是用來區分世俗故事的意識世界，與神聖故事那個模造意識的世界。克萊斯看神聖故事和世俗故事是不可分割的，因為世俗故事隱含於神聖故事之內，並從其中取得意義。[14]由於我著重這個不可分割的特性，所以我選擇不在世俗與神聖故事之間作出區分，而寧可把所有故事都算為「神聖」。雖然人會把更大的權威賦予某些故事，而不賦予其他故事，但我在牧養上的做法，則是引導人認識他們所講的人生故事的神聖價值。

在塑造希望的過程之中，過去的故事和未來的故事常常匯聚一起。奧古斯丁在其自傳《懺悔錄》裏面，默想世事無常的矛盾；雖然當下存在的只有目前（因為未來還不曾發生，過去不復存在），但是過去與未來都具有存在的真實性。奧古斯丁怎樣消解這個矛盾呢？他認定，我們對目前的意識，已包括了我們對過去和未來的體悟。人類的意識是透過記憶、頓悟及期望，把過去、現在與未來串連整合起來。[15]有個深刻的例子可說明這種對時間的意識。一位女士為治療白血病而接受骨髓移植，她在骨髓移植之前接受大量化療，因此失去味覺，那是很常見的副作用。骨髓移植後三個星期，她的味覺還沒有恢復過來。然而她告訴我，她在享用著自己最愛的美食，因為在她記憶中的味道和預期快要嚐到的美味，令她甘之如飴。她微笑著說：「我在吃的方面一點問題都沒有，因為我吃的都是我最愛吃的食物。我吃著吃著，就想起它們的味道來，我又想到，不久就可以嚐到它們有多美味了，這感覺差不多好像我現在就嚐到一樣。」她對這些味道的回憶和期望，為她帶來了希望：她的味覺不久就要恢復過來了；因此現在的食物雖然入口全然無味，她還是覺得開心。

聖經故事很多時候能作為一個渠道，讓過去、目前和將來匯合起來。有些人視聖經故事為權威，因此引導他們把聖經故事連接到自己的故事上，就尤其重要了。甄森（Mark Jensen）討論到牧師的兩個角色——作為解釋聖經的人，又作為闡釋其牧養對象的人生故事的人——之間的相似之處。聖經與現代的人生故事，同樣都是採用敍事體裁，兩者都需要做神學的工夫，從最原始的資料到運用輔助性的理論，最後產生一些解釋的建議。兩者都涉及了粉碎一些不適當和不健康的解釋。靠著牧者的支持和指導，患者能夠放棄某些解釋，因為那些闡釋再不能與他們的世界協調一致，又即或能與其世界協調一致，卻是要付出自毀的代價，例如工作狂的例子。因此，牧師可以成為助產士，協助他牧養的羊兒生產釋放與成長的故事。[16]

癌症患者向牧養輔導員講述自己的故事，就有機會將自己現在的故事與過往的故事和對未來的希望融合為一。將自己的人生故事置放於宗教意象及其種種可能的脈絡之內，這在患者應付癌症的無常易變之時，擔當著一個重要角色。[17]當他們在威脅生命的疾病之中反思自己的生命意義時，他們自己與神的關係，會比宗教教義和規條顯得更有價值。對繆撒(Donald Musser)來說，聖經是「一本提供答案和解釋的書」，直到他患了癌症，聖經才變為「一本故事書，裏面的人物正努力在一位無從捉摸的臨在者(Elusive Presence)的亮光中，設法了解一種含糊不清的存在形態；而這無從捉摸的臨在者，早已向他們顯示了某程度的真理和價值。」當「恩典從一個需要從概念去理解的理念，變成一件要去經歷的事件」時，[18]他就開始在聖經故事中找到自己的故事。

有位三十三歲的男士比爾，他發現了自己的故事與聖經故事之間的關係，於是能夠在與淋巴瘤搏鬥之中找到意義和希望。他告訴我，他在得知患癌之前的生活極其有條不紊。一直以來，他都是個運籌帷幄的男人。他是電腦公司總裁，聲望甚隆，收入穩定。他相信，以目標為本的工作態度是他事業成功的原因。在家庭生活方面，比爾也喜歡主持大局。雖然妻子是教育方面的專才，也有賺取收入，但比爾的收入才是家庭的主要支柱。他主管家庭開支，處理所有財務。比爾在教養六歲的兒子一事上也常是親力親為 。他相信，一段又一段悠長的住院期令他不能與家人共處，導致兒子的行為問題更為嚴重。

比爾在羅馬天主教傳統中長大，他欣賞這傳統的聖禮儀式和教義。在比爾確診患癌後，有幾位朋友開始向他提及信心醫治的信念。他們邀請比爾到他們的靈恩派教會，並送了一些有關醫治的書刊給他。比爾非常渴望癌症得癒，所以便開始探討這些信念。另外，比爾嘗試將自己的宗教背境與這些有關神醫治人的新信念結合起來，那段日子他定期從神父手中領受聖餐，並歡迎我做他的屬靈導師。

比爾病情漸深，他哀歎生命很多事都不由自主。他不但丟了工作和體力，他還覺得失去了選擇能力，即使是很小的事，例如在醫院裏的日程，也由不得他作主。他感到憤怒，因為他「任人擺佈，誰想進來都可以。」他表示內疚，因為在醫院裏沒有定時祈禱讀聖經。他相信自己「應該每天讀聖經討神歡喜」，而且他「必須有信心方能得著醫治」。他哭著對我說，他不能夠經常控制自己的思想，常常感到憂鬱，不太相信自己會復原。

那些教他認識信心醫治的朋友跟他說過，要相信耶穌會醫好他，千萬不要容許疑惑進入他的思想。他既然控制不到甚麼，這個叫他管住思想的囑咐，起初也確實給他帶來一點點的安慰。正如他從前努力將生活各方面組織起來一樣，比爾訂定了一套詳盡計劃來控制自己的思想。但是他的計劃失敗了，如今他覺得事事都失去控制。他常想到死亡，有時希望就此死去，痛苦結束。家人是他想活下去的主要原因；他告訴我捨不得妻兒，無法將他們交託給神。

比爾因為相信自己的「未來展望」是要靠賴自己控制思想的能力，所以他差不多去到絕望之境。他看到的前景只有兩個可能：或是成功控制自己的思想而得醫治，或是控制不到自己的思想而死去，留下妻兒無依無靠。我第一次的輔導介入就是用一些問題駁斥他那些無效的未來展望，例如：「你以為你的未來是在乎你如何控制思想嗎？神在其中佔著甚麼位置？」當這個方法不見果效時，我就嘗試用聖經裏耶穌醫治癱子的故事（路五18～25）。癱子的朋友用褥子抬著他，企圖穿過人羣走到耶穌面前。他們穿不過去，就上到房頂，從瓦間將癱子縋到人羣當中，正好落在耶穌面前。耶穌的第一個反應就是屬靈的醫治，祂饒恕了癱子的罪，然後才醫治他的身體。那癱子完全沒有為自己的康復做過甚麼；故事甚至沒有表示，他有信心耶穌會醫好他。

比爾和我一起將這個聖經故事與他自己的故事接連起來解釋。比爾感到差不多完全癱瘓了。他已經失去了對自己的身體功能、自己的經濟和家庭的控制。有時他覺得思想和靈性都癱瘓了，或是無法集中注意力，或是無法祈禱。比爾也認同自己與癱子一樣需要神的寬恕，他覺得自己要控制萬事的德性，傷害了自己，也傷害了別人。他承認自己企圖扮演神，甚至要控制神。他求神寬恕，坦白承認自己也許在利用神的寬恕，作為另一種控制神的方式，為求讓自己的故事也能像那癱子一樣以身體得醫治為終結。我們談到不同種類的醫治，也談到為比爾和他家人所需要的醫治（無論是甚麼形式的）而信靠神。我鼓勵比爾讓我把他帶到耶穌面前，就好像那癱子讓別人送他到耶穌面前一樣。他不用做些甚麼，只要躺著就行。

我為比爾祈禱之後，他說到當自己安躺在神的懷中時，感受到一種深邃的平安。他感到自己開始放開妻兒，將他們交託給神看顧。他仍會祈求醫治，但不再覺得需要限定醫治的出現形式。比爾訂定更實際的目標——一些根據自己的局限制定、但又令自己覺得有意義的目標。他修正自己「非此即彼」的想法，先前他以為，如果不能操控萬事，就甚麼事都控制不了；他發現在醫院裏利用手提電腦，還是可以繼續處理家庭財務事宜的。他又叫妻子把他的結他和音樂本子帶到醫院去，讓他繼續培養自己的音樂天分。

故事讓癌症患者重拾一些秩序感和意義感，從而幫助他們。他們藉著講述自己的故事而把傷痛事件加以組織和闡釋，漸漸便感到重新取得控制權。患者若能夠或相信自己能夠控制自己的癌症，就更能適應這病。[19]泰萊(Shelley E. Taylor)有一套理論說，人會對像癌症一類的具威脅性事件產生一種認知層面的適應力。泰萊認為，適應過程包括從經歷尋找意義，試圖在該事件以至整體生活上重掌控制權，並嘗試透過自我提升的闡釋去重拾自尊。尋找意義的意思，不但是要設法了解癌症的起因，也是要了解癌症所蘊含的意義。在確診患癌之後重拾支配感，經常是由於致病原因已被視為再也起不了作用。比方說，假如人相信自己患癌的原因是由於造成壓力的種種生活處境，而他們現在已經重組自己的生活，他們就會覺得對癌症多了一點控制。癌症患者常會用一些令他們對自己產生良好感覺的方式去闡釋自己的經歷，從而恢復自尊。他們會拿自己與那些適應得比較差的患者比較，或者在自己的癌症經歷中找著裨益，從中得著良好的感覺。[20]

對癌症患者而言，講述自己的故事對以上三個適應過程都有幫助。他們嘗試藉著講述得病前後的生活去發掘意義，也許把癌症歸咎於某個成因，而且差不多一定會探討它對目前及將來生活的含義。當他們說到自己確診得病前後的生活片段時，常常會探討一些有助於控制癌症的生活方式上的積極轉變。故事亦能幫助患者在確診後重拾自尊。因為他們有權控制故事中的角色描繪，所以他們可以將自己描寫成對這危機適應良好，甚至做出戲劇性的改變，以求有更大的進步。

朗達(參第一課)向我講述自己的經歷時，她反省自己患癌的屬靈含義，從中發掘意義，並藉著界定病因重獲支配感；她又解釋自己的病是為生命帶來有益改變的，藉此重拾自尊。

朗達：神讓我從刻板的生活抽離，引導我進入更美好的生活。我不相信神愛懲罰人，但相信祂會抓住你的注意；祂是慈愛的神，會看顧你到達彼岸。萬事都互相效力。我很高興得了癌症。

院牧：你很高興得了癌症？

朗達：嗯，也不常常如此。當生活亂七八糟、天翻地覆時，我就生氣。但我不是生神的氣，不是因患病而生氣。當我找不到意義時，當事情亂作一團時，我就生氣。但我曉得為甚麼我患上癌症。

院牧：你為甚麼會相信是那樣子的呢？

朗達：我得了癌病，是因為我與神同行的路走得不對，我做的工作不對。那是要給我的生命帶來重大改變。我的工作給我太多壓力，太少滿足。也許神在叫我慢下來，享受人生——但是當我經歷這一切地獄般的改變，一直生氣得很。我不善處理不明朗的事情。我的守護天使告訴我：「不要打擾神的秩序。就讓事情各按其位吧。會漸漸變得明朗的，你會看到事情明朗起來的。」

院牧：我想聽你多講一些守護天使的事。

朗達：我在動手術之前，在醫務所的候診室內遇見一位女士。她滿頭白髮，身穿黑衣，看起來是那麼祥和。那時候診室裏只有她一人，外科醫生請她跟我談談，因為她十五年前做過切除乳房手術。她拉著我的手，說：「我明白你的感受。」她令我確信她真的明白我。往後的幾個月裏面，我面臨一些十分可怕的事，好像骨骼掃描，她總是在最恰當的時間打電話給我。奇怪得很。我留院時，她來探我。我有需要時，她隨時幫助我。我從來沒想過守護天使，存在不存在都沒想過。現在我十分相信，她真是我的守護天使。她有一種神祕感，一種氣質，令我知道她是我的守護天使。醫生不能相信她患了那麼攻勢凌厲的一種癌症，十五年之後竟然還活著，好比她不只是個凡人。現在我告訴你這件事，我也打起冷顫。

院牧：那是個很有力量的故事。你怎樣看這一切？

朗達：她幫助我看見，我現在的生命會變得甚至要比患癌症之前更好。我真的需要離開那份工作，改變工作狂的生活方式。我需要甚麼來讓我恢復正常的生活。我一直有預感我會領受一個呼召的。過去幾年，我嘗試找出那呼召是甚麼，但是一切都沒有意義，現在我發現了多一些意義。人家問我患癌的經歷我就高興，我期望能用自己的經歷去幫助更多人——或許透過公開演講和其他方式。與癌症共度人生讓我增加了不少自信，正如我的守護天使所說，奇妙的人生要為我開展。

院牧：你對那種未來有甚麼展望呢？

朗達：五年內，我要不是死了就是十分成功。但是我開始相信，刺激的事將要發生。

朗達認為，癌症為她的生命帶來了有益的改變，這種自我提升的解釋，其最大的問題在於這些看法將朗達的選擇範圍收窄到一個地步：不是十分成功就是死亡。倘若她從癌症經歷得不著預期會得到的極大益處，她或者會覺得，自己除了死之外便別無選擇。下面的談話是要暗示她可以考慮另外一些可能發生的未來展望。

院牧：你說你看自己在五年內不是死了就是十分成功。聽起來好像是說你要作出一些改變，一些帶來刺激和成功的人生的改變，不然的話你就會死掉。沒有其他選擇嗎？

朗達：也許那是太極端了。但我知道我要為這病做些重要的事。怎可能白白地生一場大病呢。

院牧：你可以開始探討很多的可能，憑你的經驗做一些令你感到滿足的事。

朗達同意想像她未來的各種可能，然後記在日記裏。當她再次回來接受輔導時，她告訴我其中一些未來展望。她看來不再那麼緊張要為自己生命找「一件重要的事」去做。她擁有不同的選擇之後，似乎人也平和自信了，可以照她的守護天使的勸告，讓自己的未來「開展」。像比爾的個案一樣，牧養輔導指引朗達，將她那具有潛在破壞力的未來展望(那是建基於過分簡化非正即負的二分法)，轉化為充滿可能的、擴大了的未來展望。

敍事神學強調故事在個人的靈性反思與塑造過程中的重要。克萊斯說「人所聽所講的故事……深深地影響經歷內容。」[21]萊斯德說，我們「透過敍事架構來建構自己的宗教經驗」，為詮釋我們的神聖經驗編寫故事。[22]癌症患者往往對那些只能以敍事形式表達的種種屬靈經驗變得更加容易接受。

確診患癌之前，查理斯(參第一、二課)是透過理性的濾鏡看人生。他說自己「患癌之前從沒想過屬靈的事」，而且「還否定情感方面的生活」。在他確診患癌之後不久的住院期間，院牧來探望他。他說這位天主教修女只是來陪伴他，並沒有企圖說服他皈依任何一種信仰，令他十分感動。這位院牧的愛心導致他開始在認知層面探討哲學和宗教。他研讀柏拉圖無條件之愛的觀念，並開始跟朋友和傳道人談論宗教。以前，他覺得與基督教格格不入，因為他在某些福音派人士身上體驗過審判的態度。有位朋友告訴他耶穌對法利賽人的審判態度，有甚麼反應，查理斯這才以新的觀點看基督教。查理斯參加了一所教會，那裏的傳道人用的是「理性手法」，這也令他對基督教更有好感。

而查理斯在接受癌症治療期間，又跨越了理性的宗教經驗。他述說一次神祕的經歷，令他對現在與將來的看法大大改觀。

我覺得身體十分怪怪的；種種奇怪的事正在我身上發生。我躺在牀上，但我不曉得自己是睡是醒。開始時我覺得自己離開那牀，輕輕浮起。然後有一隻像鬼的東西——一隻可怕的白鬼，雙手瘦骨嶙峋，面孔我記不起來了——從後抓著我的衣領，隨即飛起來。我跟著他飛得很快，我真的很害怕；我不知道發生了甚麼事。那鬼看著我，停在半空，一切都停頓下來，他看著我說：「不要擔心，」又說甚麼好像是「因為我會與你同在」之類的話，但我記得的主要字眼是「不要擔心」。我記得的只有這些。我深深被這次的經驗觸動，我想：「那是神啊！」感覺上好像是神向我啟示：「不要擔心；我在這裏。」我真的有這樣的聯想，因為我一直都為將來擔心，那對我一直都是個大問題。我真的覺得神對我說：「如果你本著愛去走，你就會沒事的了；不要擔心。」

我身為牧者，責任是與查理斯一起在聖地上佇立，聆聽他的神聖故事，並確認那是啟示。他講述自己的故事，而我則聽他的故事，如此這般我倆就與他新奇經驗的奧祕和不可思議之處連結一起。

大概一年之後，查理斯獲悉自己的何傑金病復發。再一次，他又體會憤怒、恐懼、哀傷和憂鬱的感受。其實，得知舊病復發，比起初的診斷帶來更大的創傷。他本來覺得生活已經回復正常，並計劃約半年後結婚。如今他又得再次面對不明朗的未來。我跟查理斯進行輔導面談時，與他一起回望過去曾帶給他希望的經歷，好讓他從中支取恩典好應付目前，並支取希望為塑造未來。我告訴他，我記得他一年前告訴過我、有關他的屬靈異象的動人經歷。幾個星期之後，查理斯向我述說他修習默想及想像之時的一次經驗。

我乘著一條獨木舟。當我在異象中飄浮牀上時，也有過相同的感覺——怕得要死。我乘著獨木舟在激流中衝往下游。我隨著急流往下衝，非常可怕。我沒有守護天使在身旁。獨木舟把我帶到一片田野。一個白色人影向我走過來。突然間，我記起在治療期間得到的異象，就是我告訴過你的那個。我想那個來到我面前的人跟前次一樣，是同一個人。而神——或者聖靈導師 (Spirit Guide) ——甚麼都好，再一次對我說：「不要擔心。」接著我返回獨木舟，再向下游進發。但這一次我覺得神在河裏，我感到十分安穩，儘管我正躺在獨木舟裏面衝往下游，手上也沒有槳，處境實在十分危險、非常混亂。但因為我覺得神與我同在，也在河裏，那就成為一次安全的旅程，我覺得穩妥。那實在很有力量。神在我的周圍無所不在，雖然我身處這個混亂、瘋狂、快速的世界中的一條獨木舟上。我有平安，因為我感到神與我同在。就好像上次的異象，我被懸在半空時神對我說：「不要擔心；我與你同在。」有了那次經歷之後，我就覺得很安全。現在那經歷已經被消化吸收，成了我的一部分。如今我可以在隨著生命河流的急流順流而下。

在牧養輔導員進入癌症患者的敍事世界之時，他可以用上許多技巧。除了鼓勵患者重寫其未來展望之外，牧者的責任常常也包括了叫他們回想那些曾經帶來恩典與希望的神聖故事。把患者告訴我們的故事記在心上，不但是肯定了他們的價值，更讓他們有機會跟自己往日的屬靈經歷重新接上，並開放自己去迎接新的經歷。

牧者另一個重要的責任，就是在聆聽和闡釋別人的經歷時，加以小心明辨。尤其重要的是要分辨事件中所含的成分，哪些部分是帶來痛苦的，哪些是帶來希望的。人們要講述一段他們恐怕會被誤解，甚至自己也難以描述的「屬靈」經歷時，常常會有所顧忌。他們或者需要一些時間才能對牧者建立信任，把這些經歷相告。那時，他們會用這個開場白：「我從來沒有向人講過這件事，但既然你是傳道人，也許你會明白的。」

黛寶拉（參第一、二課）告訴我她的一次經歷；除了她的家人以外，她不曾告訴任何人。在她接受化療的日子，她遇到一次她稱為「神顯現」的事。她看到牀的上空有一張「黑臉」，然後她覺得有一股感覺慢慢地由頸至肩游下，漫過雙臂和身體，下到雙腿，一直到腳趾。她說：「很難形容那種感覺，但它比奇妙更奇妙。它漫過我全身，很不尋常；我從未試過有這種感覺。

我就是這樣躺在那兒，說著：『啊，謝謝你，謝謝你。』然後我問：『你是誰呢？』」黛寶拉得到的答案是：「阿爸，阿爸。」她有點兒摸不著頭腦，因為她從未聽過這個名字。過了幾天，她將這個經歷向一位做神父的家人說起，他告訴她阿爸是神的別名。黛寶拉還告訴我她有極強烈的感覺，需要向人述說這經歷。接著，她以充滿深情的聲音向我說出她對這段經歷的解釋：「我想這次神顯現，是替我身體的每一個細胞重新輸入了程式——『要思想健康』。我想我的身體受到吩咐(因為我認為身體每一個細胞都是有智力的)：要將癌症逆轉過來，不要摧殘自己。我想神正在向我的身體輸入促進健康的程式。」從那時起，黛寶拉覺得自己一定會康復。她叫家人不要再為她擔憂，因為她會沒事的。

黛寶拉向我述說這個故事的時候，她明顯再次經驗了「神顯現」時她有的一些強烈感覺。事實上她說，當她向我述說這經歷的始末時，她感受到新的希望。在我作為牧者看來，這個故事的解釋很清楚，她起初的神祕經驗，以及她將這經驗說出來，大大有助她培養希望的感覺。我表示欣賞並認同她的經歷，她就感受到一種更強烈的確認感。她告訴我，覺得我們倆正在一起為她的康復「做點事」。至於黛寶拉康復過來，是由於她所理解的原因，抑或是有別的因素，那我就不得而知，也不需要我去解釋。我作為牧者的榮幸，是與她一同在那神聖奧祕者(Divine Mystery)的臨格中驚歎。

在癌症患者經過風雨交加的日子中，當一切都好像失控時，說故事有助於整合生活並帶來意義。患者透過敍事的結構，發現到在他們的人生及世界中的秩序和意義。故事有重塑希望的能力，因為故事令人接觸到那位神聖的實在者。牧養輔導員有特殊的機遇，幫助癌症患者發掘個人故事神聖的一面，並將個人的故事連接於聖經故事，以及其他一些他們認為具有神的權威的故事。

因此，述説故事就成為牧者可用的一項重要儀式。在述説與聆聽的儀式中，需要感受性與技巧。牧養輔導員經常採用訪問員的技巧，不但邀請人講述他們目前的癌症經歷，也請他們講述過去意義重大的故事和預期中的未來故事。感同身受的聆聽是不可缺少的，我們因而能夠滿有憐恤和不含批判地專心傾聽他們的故事。這種聆聽是關鍵，幫助患者記起往日的恩典時光，從而令他們對未來產生希望。如此一來，解釋技巧也就變得十分重要了，那使我們得以分辨個人故事所含的成分，哪些導致痛苦和疾病，哪些促進希望與健康。牧養輔導員可以借助人重組過去的故事，並重新編寫未來的故事。[23]除了讓患者説故事之外，牧者也可以讓患者聽一些故事，藉此在塑造希望的過程中作出極大的貢獻。出自聖經及其他來源的故事，可以幫助人在整體的人生基礎以至他們個人的生命層面上，看出計劃來。將他們的故事與其他神聖故事連接起來，就可以顯出宇宙之內有鴻圖，他們也並非單打獨鬥。

當癌症患者透過這些故事而對自己有新的發現，希望就會重新燃點起來。當那位神聖臨在者在癌症的掙扎之中顯露出來，講述故事就成為一個聖禮。[24]故事好像聖餐一樣，將人與歷代的信仰羣體聯結起來。

故事好像約櫃一樣，在走過癌症的曠野之中，讓那位神聖臨在者活在其中。牧養輔導員有一份神聖特權，就是藉著施與受，在講述故事的聖禮中有分。

我會在下面的幾課裏探討一些方法，說明牧養輔導員可以怎樣運用聖像和神聖故事去挑戰癌症患者所感受到的絕望，並在他們心中培養希望。我會說明塑造希望的過程，可以怎樣因為癌症經驗中的某些心理問題和存在性的問題，而變得失效。在這幾課裏面，我又會探討一些方法，說明牧養輔導員可以怎樣藉著重新想像神、藉著回想過去曾帶來希望的故事，及藉著重新編寫未來展望，幫助人將絕望化作希望。

註釋：

1. 參 Thompson and Pitts, Suzanne C. Thompson and Jennifer Pitts, "Factors Relating to a Person's Ability to Find Meaning after a Diagnosis of Cancer," *Journal of Psychosocial Oncology* 11, no. 3 (1993): 3。
2. 精神病學家 David Spiegel 在一個劃時代的調查研究中發現，患轉移性乳癌的婦女中，那些透過支援小組接受心理社會輔導的女士，比較那些沒有接受這類輔導的女士，多活一倍日子。然而，這研究並沒有特別專注於希望這個課題，以及它對生存的影響。參 David Spiegel, Joan R. Bloom, Helena C. Kraemer, and Ellen Gottheil, "Effects of Psychosocial Treatment on Survival of Patients with Metastatic Breast Cancer," *Lancet* 2 (Oct. 14, 1989): 888～891。有研究採用諾沃尼希望量表 (Nowotny Hope Scale) 來量度患乳癌的婦女所懷的希望程度，並將希望與患者的宗教熱誠及其靈性健康聯繫起來。參 Mary Nowotny, "Assessment of Hope in Patients with Cancer: Development of an Instrument," *Oncology Nursing Forum* 16, no. 1 (January/February 1989): 57～61；Jacqueline Mickley, Karen Soeken, and Anne Belcher, "Spiritual Well-being, Religiousness and Hope among Women with Breast Cancer," *Image: Journal of Nursing Scholarship* 24, no. 4 (winter, 1992): 267～272；Jacqueline Mickley and Karen

Soeken, "Religiousness and Hope in Hispanic and Anglo-American Women with Breast Cancer." *Oncology Nursing Forum* 20, no. 8 (September 1993): 1171～1177。諾沃尼希望量表可能會有助於一些調查研究，以確定希望與癌症患者生存率之間的關係。

3. Janice Post-White, Carolyn Ceronsky, Mary Jo Kreitzer, Kay Nickelson, Debra Drew, Karen Watrud Mackey, Louann Koopmeiners, and Sarah Gutknecht, "Hope, Spirituality, Sense of Coherence, and Quality of Life in Patients with Cancer," *Oncology Nursing Forum* 23, no. 10 (1996): 1571.
4. Jürgen Moltmann, *Theology of Hope,* trans. James W. Leitch (New York: Harper & Row, 1965), p. 25.
5. Walter H. Capps, *The Future of Hope* (Philadelphia: Fortress Press, 1970), pp. 28～30.
6. Emil L. Fackenheim, "The Commandment to Hope: A Response to Contemporary Jewish Experience," in Capps, *Future of Hope,* pp. 68～69.
7. Andrew D. Lester, *Hope in Pastoral Care and Counseling* (Louisville, Ky.: Westminster John Knox Press, 1995), p. 36.
8. James Conlon, *Earth Story, Sacred Story* (Mystic, Conn.: Twenty-Third Publications, 1994), pp. 10, 16, 19.
9. Ernest Kurtz and Katherine Ketcham, *The Spirituality of Imperfection: Modern Wisdom from Classic Stories* (New York: Bantam Books, 1992), pp. 7～9.
10. Stanley Hauerwas and L. Gregory Jones, "Introduction: Why Narrative?" in *Why Narrative? Readings in Narrative Theology,* ed. Stanley Hauerwas and L. Gregory Jones (Grand Rapids: Wm. B. Eerdmans, Publishing Co., 1989), pp. 1～2.
11. Martha Nussbaum, "Narrative Emotions: Beckett's Genealogy of Love," in Hauerwas and Jones, *Why Narrative? Readings in Narrative Theology,* pp. 218, 225～229.
12. Johann Baptist Metz, "A Short Apology for Narrative," in Hauerwas and Jones, *Why Narrative? Readings in Narrative Theology,* pp. 254～256.
13. Stephen Crites, "The Narrative Quality of Experience," *Journal of the American Academy of Religion* 39, no. 3 (September 1971): 291.
14. Crites, "The Narrative Quality of Experience," 294～296.
15. Augustine, *Confessions,* trans. Henry Chadwick (New York: Oxford

University Press, 1991), Book 11, chap. 20, p. 235.

16. Mark Jensen, "Life Histories and Narrative Theology," in *The Supervision of Pastoral Care,* ed. David A. Steere (Louisville, Ky.: Westminster John Knox Press, 1989), pp. 114～115, 122～124.
17. Marvin W. Acklin, Earl C. Brown, and Paul A. Mauger, " The Role of Religious Values in Coping with Cancer," *Journal of Religion and Health* 22, no. 4 (winter 1983): 331.
18. Donald W. Musser, "On the Edge of Uncertainty: Twenty Years with Cancer," *Second Opinion* 5 (1987): 121～123.
19. 有關乳癌病人的研究發現，藉著解釋癌症經歷的益處而控制認知，可以有效地預測適應能力。參 Shelley E. Taylor, Rosemary R. Lichtman, and Joanne V. Wood, "Attributions, Beliefs about Control, and Adjustment to Breast Cancer," *Journal of Personality and Social Psychology* 46, no. 3 (March 1984): 489～502。
20. Shelley E. Taylor, "Adjustment to Threatening Events: A Theory of Cognitive Adaptation," *American Psychologist* 38, no. 11 (November 1983): 1161～1165.
21. Crites, "Narrative Quality of Experience," 304.
22. Lester, *Hope in Pastoral Care,* p. 39.
23. 參 Charles V. Gerkin, *The Living Human Document: Re-Visioning Pastoral Counseling in a Hermeneutical Mode* (Nashville: Abingdon Press, 1984), pp. 121～141。文中以實例說明一些發人深省的故事，怎樣可以開拓重新闡釋及新方向的可能。
24. Tim Eberhardt, "Storytelling and Pastoral Care," *Journal of Pastoral Care* 50, no. 1 (spring 1996): 27, 31.

第四課

接著下來是甚麼？等待的遊戲

獨坐於此，
屏息靜氣，
在滿了人的候診室裏
還有其他等候的人……
渴望聽到
了結等待的那個字。
聽到揭開等待的那個字，
過了幾年，
我仍在……等待著活下去
——還是活下去，只為等待？
我仍在等待，仍渴望知道……
等待之後可有生命？
在等待得著生命的路上，可還有
懸空的位置？

確診患癌甚少引起突發性的生理危機，好像心臟病常有的情況。事實上，新近確診患癌的人經常都表示驚愕，因為他們不覺得有病。患上一種威脅生命的病而仍然覺得這麼健康，令他們感到難以理解。不久，他們明白到面臨的是一種慢性病，有可能要為之而坐困恐懼與焦慮多年。他們會發覺自己的人生因等待而心疲力竭：等病理報告、等下一個療程、等下一次骨骼掃描、等半年一次的體格檢查、等過得頭五年不死這一關然後才曉得五不再是個「不可思議的」數字。在這一切等待期間，有些人覺得不如心臟病發還好，可以早點死去。

專業醫護人員較多用「緩解」一詞而少用「痊癒」。癌症患者對於將來感到難以預料，因為沒有人能告訴他們會「緩解」多久。他們隨時在可能致死的生理狀況下，在壓力之下應付人生。繆撒（參第三課）五年沒見復發的症狀，卻因醫生沒有宣佈他已經「痊癒」而患上嚴重的抑鬱症。他極其失望，因為醫生不能保證他不會舊病復發。他確診患癌後第八年，接受全身檢查時，怕得要命。二十年過去了，他仍然透過癌症經歷的窗口去看自己的生命。[1]有位女士患了乳癌十三年，她說很怕復發，並表示這些感受令她活得很孤單：「家人和朋友很難明白我對癌症復發的恐懼；他們就是不明白我那揮不去的無常感覺。將癌症經歷當做過去了的事，對他們很容易，對我卻不是那麼容易了。」

李察患了前列腺癌三年，活了下來；他訴說如何掙扎著不要終日想著自己的病，因為他不想自己像母親一樣，在確診患癌後的二十年裏面，「每逢些微咳嗽便恐慌起來」。但是當李察開始體驗到一些從前沒有的痛楚時，他首先便想到：「噢，天哪，這就是了。我死定了！」他致電護士，告訴她自己的症狀，她叫他馬上去醫院，他就更加緊張，滿腦子想的是：「我快要死了。」當李察得知，那種痛楚不是由於癌症復發，自然大大地鬆了口氣。經此可怕一役，他才理解母親對癌症復發的恐懼之情。

癌症患者要面對的其中一個最大挑戰，是要忍受不明朗的前景。在一本寫給癌症幸存者的書，格蘭·海法遜-博德(Glenna Halvorson-Boyd)與麗莎·肯蒂(Lisa K. Hunter)用「地獄邊緣」一詞來形容那種不能確定和沒有安全感的狀態，癌症患者在確診那一刻進了去，便一生常留在此。他們說，那挑戰是「面對著不明朗和必死的命運，仍要活得豐富積極。」[2] 人們會用其他意象來表達「地獄邊緣」式的惱人憂慮，例如「身上有個隨時爆炸的定時炸彈」、「活在借來的時間」及「等候行刑」等。夏蘋用達魔克利斯劍(the sword of Damocles)的故事來形容癌症患者所體會的那種有能力令他們癱瘓並隱約逼近的威脅。達魔克利斯不能享受四周的豐富豪奢，因為他頸上數寸之遙長懸著一把劍。同樣地，癌症患者長期受著死亡凶兆的威嚇，惟一出路是勇敢正視癌症的事實，並尋找處理恐懼之法。[3]

要「無盡期」地活在癌症及其一切威脅之中，這為塑造希望的過程造成了挑戰。未來展望將充滿著紛亂：

有關治療法的抉擇、治療所產生的副作用、癌症復發的可能、對死亡的恐懼等。很多人徘徊於希望與絕望之間，覺得好像坐雲霄飛車一樣，自己控制不來，也逃不了。在等候期間，他們的思想會跳前，常會想像一些會觸發恐懼和憂傷而非希望的情景。

從事牧養輔導癌症患者的人所遇到的其中一項挑戰是：在幫助患者處理悲傷及引導患者迎向希望兩項工作之間取得平衡。在所有的等待期間，癌症患者有很多哀傷要處理。除了可能會帶來重大打擊的物質損失之外，還有很多無形的損失：失去安全感、失去對未來的信心、失去控制權等，都是其中最突出的例子。在這些損失的背後，是長生不死之夢的泯滅。雖然理性上我們都知道，自己總有一天會死去，但感性上卻自信是永遠不死的。癌症患者覺得這美夢給粉碎了，若不是突然間就是漸漸地破滅。當人首次在未來的景象中看見自己的死亡時，往往會生出一種早來的哀傷感。即使他們從醫生口中知道預測病情良好，即使他們已經「痊癒」或「緩解」二十年以上，他們永遠也不能拾回確診患癌前那種刀槍不入的感覺。患者為必死的問題在心靈深處的掙扎，大大影響了塑造希望的能力。輔導員陪伴癌症患者走過哀傷階段時，可以引導他們培養一些充滿希望的未來展望。

朗達（參第一、三課）在乳癌經過一年多的緩解期之後，開始覺得背部和一條腿有些痛。就像遭遇同類情況的患者的普遍反應一樣，她馬上就想到是癌症復發，但又猶疑不決，不大願意打電話給醫生。她不但害怕癌症復發，更害怕要做骨骼掃描。她渴望癌病經歷能成為過去；她曾經努力過一種不受癌症操控的生活。

朗達：我很怕復發。但是我一直拖延，沒打電話給醫生。大概我有點不想知道。我也不想每次有些微的不舒服，便跑去找醫生。我真不願意讓癌症支配我的生活。我怕骨骼掃描怕得要死。我以前試過一次，那真是最可怕的經歷，照每張圖片要花上六分鐘，每邊大概照五張。每照一張，我都追問技術員看到甚麼。我也知道她並不是真有資格看得懂那些圖片。但她會說：「哦，不錯。」照到胸部時，她沒說甚麼就走去電腦顯示屏那邊，跟一個看來是醫生的人商量——嚇死我了。我是胸痛，所以便以為他們看到甚麼不妙。我要等上幾天才知道結果；這次的等待真可怕。醫生打電話來，我正在辦公室，他說檢驗結果沒事。我聽見就哭了，高興得手舞足蹈，鬆了一口氣。

院牧：那麼，查出了胸痛不是癌症，對你很有幫助哩。

朗達（笑著）：對，我曉得你會說我應該去做掃描，好放下心頭大石，不用為背痛腿痛擔心。有天早上，我如廁時排出很多血。我就立刻想：「噢，天哪，現在擴散到結腸了！」恐慌過後，我最深刻的感受是覺得孤單——那樣的全然孤單。朋友對我十分支持，但是他們不能真正明白我的感受。如果我打電話給他們，他們就只會叫我去看醫生，但是他們不會明白我感受到的恐怖。我想我不是怕死，但是突然間我醒覺到，我們死時有多孤單。（哭著）接著我感到一陣陣哀愁——為所有因乳癌去世的婦女，以及所有死去的人——他們是多麼的孤單。

院牧：你感受到朋輩的支持，但你還是覺得孤單而且痛苦。你覺得他們沒法明白你的悲傷。他們沒有像你一般面對過死的恐懼。可有一位會明白的朋友嗎？

朗達：我不知道。我想沒有。

院牧：朗達，你還記得你告訴過我的那位守護天使嗎？

朗達（帶淚）：我怎會忘記我的守護天使呢？她當然明白。她全都經過了——那種等待、復發的恐怖、死亡的恐懼。而且，我一直都喜歡那首聖詩：《耶穌恩友》；我相信耶穌可以是另外一位明白我的朋友，你信嗎？

院牧：那正是福音故事一個重要的主題。「神是朋友」(Divine Friend)，祂明白你，和你一同感受，祂可以藉著你的守護天使和耶穌來到你身邊。現在你不再孤單，你永遠也不會孤單。

我提醒朗達她告訴過我她過去經歷中的一個神聖意象，又提出一個未來故事，在其中的神人關係是給她帶來希望的，用這個來取代她絕望的孤單感。我用「神是朋友」這個意象幫助她，將她與一位患乳癌的女士相知相交的經驗，跟她自己的基督教信仰傳統連接起來。這位神聖朋友在她的守護天使身上，也在耶穌身上活著，可以明白她的悲傷和對她死亡的恐懼，因為他們都有過同樣的感受。

在這一切等待和不明朗之中尋找有意義有希望的生活，這為癌症患者造成嚴峻的屬靈考驗。在患者接受治療的時候，往往很難看到在連串了無止境的注射、化驗、看醫生和上診所以外，生活還有些甚麼。療程完結之後，他們往往都焦躁得不能想像自己的將來除了癌症之外還能充滿些甚麼。婦女們在接受切除乳房手術之後的一年裏面，會經歷明顯的抑鬱、焦慮、性失調，那是由於害怕癌症會在日後復發而非害怕手術本身的緣故。[4]很多人在手術後比在手術前感受更大的情緒及靈性痛苦。治療期間，他們可能會把大部分精力花在克服生理方面的副作用上。況且，當時的決心和意義感會令他們覺得仍有希望。但療程過後，情緒會快速波動，叫他們感到不知所措，有些人會在數分鐘或數小時內，從感到不安轉為心安，從沒精打采轉為興奮激動，從滿懷希望轉為了無希望、平靜轉為焦躁。另一個令他們不知所措的原因是，突然失去治療期間所提供的生活架構和焦點。[5]

完成所有療程之後，很多人也因朋友、書籍和媒界紛紛獻計而不知如何是好。雖然癌症患者很想做些事防止癌症復發，但是一眾關於日常飲食、運動、積極思想、冥想、機能反饋療法，以至其他自助技巧的建議，都會叫他們吃不消。他們會嘗試一一照辦而變得非常緊張，然後又害怕這壓力會令癌症復發。此時我們的任務是找尋一些方法，以能夠恢復平衡和意義的方式，將自我治療練習融入他們生活中。

在一個乳癌幸存者的支援小組裏，瓊恩表示於療程過後感到矛盾。雖然她能藉著手術和化療順利度過了頭一年，因此鬆了一口氣，但是她覺得失去了治療期所給予她的安全感。當她說到自己沒再為治療癌症「做些事」而感到害怕時，小組其他組員都點頭認同。她的生活因確診患癌而徹底改變了。那一年的治療期給了她一種有秩序有意義的感覺，「做著積極的事」。現在瓊恩覺得自己在等，但又不能確定在等甚麼。她努力要找出下一步該做甚麼。她為自己覺得已經失去的光陰悲傷，不想再失去更多的時間。她以非常熱切焦急的聲音談到如何想方設法「將碎片重新湊拼起來。」

小組內其他女士也講述自己的故事，向正在掙扎之中的瓊恩表示同情。有位女士說到自己在確診患癌之前是多麼害羞，她說經驗癌症給了她自信。她向支援小組的人逐漸敞開自己，這自信就開始慢慢養成；待她到醫院當義工時，她的自信更隨之增長。她獲得了新的意義感，並感覺自己有力量。另一位女士同樣表示患癌的經驗令她得到自信，她覺得自己既然在癌症的種種不明朗之中活了下來，就無論甚麼處境都可以忍受了。又有一位女士說，到了她在患癌後努力恢復正常生活之時，才發現自己的願望和感受是多麼的重要。患癌之前，她活著主要是為了滿足別人的需要。如今，她生平頭一次照顧自己，做滿足自己的事。在那些女士們說話時，我感受到她們彼此之間的關懷。

隨著每一句帶希望的話，我亦看到瓊恩慢慢鬆弛下來，眼眶充滿淚水。

我坐在她們中間，感覺到神的臨在。最後，輪到我解釋和總結小組的經驗，腦海浮現了一個清晰的意象。我向她們說：「我坐在這小組裏，聆聽你們的神聖故事，感受著你們彼此充滿醫治的交流，我心生敬畏，也受到啟迪。我感受到你們每一位流露的姐妹之愛與同情，我覺得自己正在那位神聖的姐妹（Divine Sister）的臨格中。」瓊恩回答說：「對啊，我也有那種感覺！我覺得被了解、被完全接納。你們都給了我信心和希望，我是可以用新的方式去重新生活的。這是個神聖的地方。」

重獲自信和自主的感覺，有助紓緩因患癌而產生的焦慮。泰萊所作的心理研究說明了一點：患者是否相信自己能夠控制癌症，並相信醫生或療法也能夠控制自己的癌症，與他們是否積極適應病情有極大關聯。如果患者相信自己可以做些甚麼去防止癌症復發，他們的情況似乎會較好，儘管這個信念已經證實不成立。假如他們覺得能夠做些甚麼去控制癌症，隨後卻舊病復發，他們就會轉移到另外一件可以控制的事上。即使是這種支配感只是想像出來的，也可以是克服癌症的必備條件。[6]因為希望運作的領域是充滿著種種可能的，所以希望能夠在眼前淒涼的景況之中存留。希望也許是癌症患者能夠控制的寥寥幾件事之中的一件。對未來展望加以控制，可以作為應付癌症的一大助力。充滿希望的未來展望，即或不能實現，也可以重新建構、重新編寫，為求保持希望不滅。

碧琪確診患癌之初，還感到自己可以控制病情。雖然該病已擴散至淋巴結，她仍相信透過手術、化療、適當飲食和運動，就可以防止癌症復發。她展望未來，看到自己健康、強壯、活力充沛。她表示相信自己「不會再有癌症」。經過一年緩解期之後，碧琪舊病復發；癌症已轉移到骨和肝。初時的衝擊和震驚稍退之後，她要求接受最激烈的治療。起先醫生說沒有甚麼治療能夠讓她再獲多少緩解機會，甚至幹細胞移植也不管用了，所以他不建議做移植手術。但是她不住向醫生和保險公司提出，直至他們同意為止，於是她將所有康復的希望轉移到移植手術上面。在等候決定做移植手術的幾個月裏，她向醫生表示自己很焦慮。醫生耐心並同情地聆聽她的感受，但是有一天，他告訴她即使她接受了移植手術，他也不能保證她會進入緩解期。而且假如她真的進到緩解期，也可能不會維持多久。他向碧琪說：「你要另想辦法接受這事實。」碧琪回答說：「你說來容易。我頭上懸著一把刀，怎麼受得了？」

碧琪接受移植手術前後，我跟她進行牧養輔導，期間她努力發掘方法去與自己的不明朗狀況共存。到快要出院時，她很怕離開安全穩妥的骨髓移植部門，進入充滿未知數的將來。她又表示選擇已用光了，感到十分焦慮。假如骨髓移植醫不好她的癌症，她又可以做些甚麼呢？醫生沒有提出其他療法，除了或可試試實驗性質的療法之外。

碧琪的個性極需要擁有控制權。儘管癌症令她不得不放棄她對生活上很多方面的控制權，但當她覺得自己能夠做些甚麼控制病情的時候，她還是覺得有希望的。如今她完成了最後一個療程，覺得自己再沒有甚麼可以做的了，她的希望便開始轉弱。她坐在病房中等丈夫來接她回家時，我發覺她在哭。

碧琪：我要回家了，我想我應該覺得開心才是。可是我是那麼害怕。*(顫抖及哭泣)*

院牧：離開這裏實在叫人害怕。

碧琪：手術如果醫不好我的癌症怎辦？我努力叫自己不要往那方向想，但是我做不到。

院牧：你往那方向想的時候，看到些甚麼？

碧琪：只有更多壞消息。大都是從這病一開始就聽過的。*(哽咽)*我還不想死。但是我又不曉得現在可以做些甚麼。我想我甚麼都做了，如今只有等著瞧。我不想就這樣浪費自己剩下的光陰——一邊等待一邊擔心。

院牧：你想利用時間做些別的事。

碧琪：噢，是的。但是我似乎有點不能自拔，就連控制自己的思想都辦不到。所以我想我再沒有甚麼可以做的了。

院牧：碧琪，即或你不準備接受更多治療，但是你還做著很多其他的事，也可以做很多其他的事。自從你入院之後，每天你都和我一起禱告默想。你跟我說過在工作和人際關係上都找到新的意義。你又告訴過我準備回家後，逐漸恢復以前的健康飲食習慣和運動。

碧琪（*柔弱地笑*）：哎，你知道我啦。我是務要做些事的人。不過我不知道這可會有甚麼分別。

院牧：我引導你默想，想像自己想要造成的分別，你認為好嗎？

在默想之中，我引導碧琪想起她早前向我描述過的那處神聖地方：她後院的平台，四面圍著樹木和色彩鮮艷的花朵。我建議她想像未來的自己就像她希望的那個樣子。默想後，碧琪告訴我她所看到的未來展望。她看到自己專注於內心世界比外在生活多。她預見自己在一個壓力比前較小的環境工作，而所做的也比前更具創意。她又看見自己為「人類幸福盡一分微力：為一個理想出力，或許是為乳癌研究籌款之類。」碧琪將自己的未來展望從「更多壞消息」及「一邊等待一邊擔心」的想法，改寫為在靈性與工作上都得著滿足的故事，因而重新找到希望。

有時連串似乎永無止境的療程、化驗、檢查，對癌症患者塑造希望的能力構成窒礙，他們會喪失專注於展望將來的能力或欲望，傑克就是一個例子。他五十來歲，結腸癌於手術和化療後進入了緩解期，但幾年後復發。緩解期間傑克繼續上班、與家人出外度假、為自己將來作種種打算。他獲悉復發的消息後，隨即接受了更多手術和化療。之後癌症又再次進入緩解期，但他對將來已失去信心。在第二次的療程期間他辭了職，也無意復職。傑克表示提不起興趣與家人出外度假，或找些嗜好消遣。雖然他平時很愛社交活動，但現在他總是躲在家裏。即使緩解已有數年，除非是為看病之類，否則他甚少出外。他的生活就好像是從一次體檢拖到下一次體檢，很怕在下一次檢驗之前作任何安排。頭一年他每三個月做一次掃描；第二年則每六個月做一次。三年後，傑克仍然說，要等到下次掃描之後才可以開始為將來打算。

在我牧養傑克的過程中，我嘗試幫助他重拾希望。每當我建議他多培養些帶希望的未來展望時，他便回答說，甚麼計劃都要等到下次掃描之後才能擬訂。他認為籌算未來很無謂，因為下次掃描可能顯示他癌症復發。最後我請傑克看在我的分上，玩「倘若……又如何」的遊戲，他也同意了。

院牧：傑克，倘若下一次掃描顯示完全找不到癌細胞，就好像過去幾年的掃描一樣，那又如何？你會想做些甚麼？

傑克：假如我可以真的相信自己完全沒有癌細胞的話，我會喜歡去旅行。我從未去過法國，我一直都希望去。但是在我看到下個月的掃描結果之前，我連想也不敢想。

院牧：倘若掃描顯示癌細胞又跑回來了，那又如何呢？

傑克：那即是說也許我命不久矣。

院牧：多久？

傑克：大概沒有人能告訴我有多久。或許六個月到一年吧。

院牧：夠時間去法國嗎？

傑克（笑著）：我看得出你想說甚麼。

院牧：如果你真的只有六個月到一年的時間，你會寧願把時間花在自己一直都想做的事上，還是用來為下一次掃描擔憂呢？

雖然傑克沒有馬上計劃去法國旅行，但他開始打破由一次掃描到下一次掃描這種不斷等待而不是生活的模式。所有人都要面對這個存在性的挑戰——在未知的因素中過豐盛的人生，但癌症病人就經常要在更深的情感及屬靈層次上面對這個挑戰。生命的不可測從一條理性定律轉而成為親身經歷的現實。這屬靈的挑戰就是，如何處理恐懼和焦慮，好能進到健全與平安的新層次。

雷婕接受了肺癌治療後的第一年，因常常害怕復發而苦不堪言。有時她會焦慮得瀕臨恐慌，不能正常地工作。她常常作駭人的夢，醒來一身冷汗。她前來接受輔導，看看有甚麼方法利用自己的靈性去處理恐懼。雷婕先前也接受過輔導，試過使用意象的方法。

她曉得「用子彈掃射癌細胞」之類的軍事意象不能引起她的共鳴，於是她嘗試想像將癌細胞掃出體外。但這意象令她擔心或會錯過一個癌細胞，就如她可能會在掃地的時候錯過了一塊碎片。所以她開始探討用水沖走所有癌細胞的意象。她想像水漫過自己身體，將病清洗得一乾二淨，她就覺得安心。

雷婕向我尋求屬靈指引，教她將處理壓力的技巧融入自己的基督教信仰中。雷婕告訴我她對神的觀念所經歷的演變。將神擬人化的意象不再有意義。一方面她把神視為沒有形體的靈，一方面她又在尋找一些能夠將神與自己經歷拉近的意象。我一提出耶穌遇上撒瑪利亞婦人的聖經故事，雷婕就馬上想起來。我提醒她耶穌用活水的比喻來形容他向婦人所提供的全面醫治。

雷婕（*熱切地*）：那就是了！活水！生命的水！那就是我一直尋找的比喻！你明白嗎？那就是為甚麼在我看來，水是一個醫治意象。那是一個關乎全人醫治的意象，是我一直追求的。

院牧：你要不要我用那個意象引導你默想呢？

雷婕：好哇！請！

院牧：閉上眼睛，開始深呼吸。深呼吸，慢慢吸氣，慢慢呼氣。吸氣……呼氣……深呼吸，慢慢地。你一面吸氣……呼氣……慢慢地深呼吸，一面想像自己來到一處神聖美麗的地方，在那兒你看到遠處有一條小溪。你一面走近小溪，一面繼續吸氣……呼氣……慢慢地深呼吸。細聽溪水從山上輕輕流下時所發出柔和、令人心曠神怡的潺潺之聲。你沿著小溪前行，感覺涼風輕送，飄過髮端。你深深呼吸……吸進那新鮮、平和的空氣……呼出一切的恐懼。渴了，你俯身用手舀水喝。那水清新美味，比從前嚐過的水都更好喝。你曉得這水與別不同。這是活水……生命水，現在這水正漫過你的身體和靈魂。感受一下這活水……感受這生命水……流過每一個細胞……潔淨……修復……醫治。活水……輕輕地流……溫柔地醫治……活水……醫治的水……生命的水……漫過你整個身體和靈魂。你沿著溪流繼續前行，你聽到湧流的水聲。拐個彎，你看到一條瀑布。你彎腰，再喝一口那清澈純潔的水。然後你在溪旁的草地上躺下，在瀑布的流水聲和氣味環繞之中，感受這活水在體內流動。活水湧到永生……醫治的水……永生的水……在你裏面……環繞著你……潔淨你。你覺得被修復、被潔淨了，你站起來，深深呼吸……吸入那平安的活水……呼出恐懼和痛苦。慢慢地你開始步離那活水之溪，你知道這活水繼續在你裏面流動，帶來醫治、平安、永生。你慢慢回到這房間來，你知道自己可以隨時返回那溪水，用活水來振奮你的身體和靈魂。

活水的意象包含最深層的醫治的意思。耶穌告訴撒瑪利亞婦人，那活水會成為「泉源，直湧到永生」(約四14）。這意象令雷婕想起一種醫治，可以是包括身體醫治，但又比身體醫治更深層。

愈來愈多心理社會／靈性方面的研究顯示，禱告及默想是與各種治療有關的。根據一份有關精神神經免疫學（PNI）及其與牧養關懷之關係的研究，從事牧養關顧者擁有「空前的機會，憑著結合精神神經免疫學這漸露頭角的科學與禱告默想這偉大的屬靈傳統，而促進治療。」研究員相信，簡單的祈禱方式「以專注的呼吸和鬆弛方法令內在的自我」平靜下來，可以把人引進一種帶來「健康反應」的靜默中。[7] 和那位生命與愛的源頭深深結連，包含著無限的醫治潛能。在這層面，我們體驗到釋放、寬恕、恩典和感激，這些不但醫治靈性和情感上的創傷，也經常同時醫治身體的疾病。當我們把自己置放於那位神聖臨在者之中，也就超越了肉身的限制，體會到自己是不朽的。杜西聲稱，根據實際經驗就禱告對身體醫治的功效所作的研究，對人類生命的本質有重大啟迪。人類的意識不受地點所限（這特質在有關禱告的研究中表明了出來），由此顯示人類在空間與時間上擁有無限的一面，因此人是不能死的。杜西表示「我們與生俱來這不受地點所限的特質，為那巨疾（Big Disease）——肉體之死——構成了一種隨時隨在而且徹底的治療（Radical Cure），就是永存不朽。」[8] 超自然的經歷連同科學研究，令癌症患者可以想像一些充滿希望的前瞻故事，不管身上的病是朝著甚麼方向發展。患癌之身得著痊癒固然仍然重要，這卻並非提供希望的惟一來源，最終的希望是來自那更確實的「徹底治療」。

癌症是慢性病，這個特性可以同時是它最大的咒詛，亦是最大的祝福。甚少癌症患者會否認這種經驗之中那縈迴心間的恐懼、慘痛的損失，以及掙扎求存之苦。同時，很多患者因為活在一種可能致死的身體狀況之下，就為每一刻更深感恩，並對靈性抱有一種新的開放態度。在癌症的不明朗之中等待和過活，帶著極大的風險和可能。患者可能被焦慮和悲傷所淹沒，甚至會絕望。然而，忍受癌症的不明朗、不安全與不可測，卻又會帶來有關感激和健全的深刻體驗。雖然這些體驗可能是短暫的，並攙和著悲傷，但卻提供振奮心靈的希望綠洲。等待的時間可以提供機會，提高屬靈意識，增加發現。

在癌症患者的等待遊戲中，牧養輔導員可以給他們很大的影響。首先，在日常生活中，我們活在種種不明朗之中；而在這種生活裏，牧養輔導員的專注表現，就在與人相遇之時化身為醫治的臨在（Healing Presence）。透過「向另一個人反映在神的臨格中的一種專注表現、一種身心的平靜、一種充滿信靠的灑脫」[9]，我們為全人治療作出貢獻。然後，當患者訴說自己如何與癌症無數的未知因素共存之時，我們充滿關心地專心聆聽，也就能幫助他們從過去汲取力量，並引導他們想像一些充滿希望的未來展望。除此以外，藉著集中於默想那些能帶給他們醫治、希望和平安的意象，我們可以引領人體驗神的臨在。在牧養病者之時，我們擁有與患者一同等待的神聖特權，與他們一同與創造萬物的聖靈緊密結連，從而一同找到新生命。

註釋：

1. Donald W. Musser, "On the Edge of Uncertainty: Twenty Years with Cancer," *Second Opinion* 5 (1987): 125～126.
2. Glenna Halvorson-Boyd and Lisa K. Hunter, *Dancing in Limbo: Making Sense of Life after Cancer* (San Francisco: Jossey-Bass Publishers, 1995), p.14。這本書為癌症幸存者所體驗的情感活動提供極佳的、清晰的描述。
3. Wendy Schlessel Harpham, *After Cancer: A Guide to Your New Life* (New York: W. W. Norton & Co., 1994), pp. 212～213.
4. Jennifer Hughes, *Cancer and Emotion* (New York: John Wiley & Sons, 1987), p. 54.
5. Harpham, *After Cancer,* p. 222.
6. Shelley E. Taylor, "Adjustment to Threatening Events: A Theory of Cognitive Adaptation," *American Psychologist* 38, no. 11 (November 1983): 1163, 1168～1171.
7. E. Wayne Hill and Paul M. Mullen, "An Overview of Psychoneuroimmunology: Implications for Pastoral Care," *Journal of Pastoral Care* 50, no. 3 (fall 1996): 245。Hill與Mullen認為這新興的精神神經免疫學，正為牧養藝術與牧養科學提供了前所未見的良機。
8. Larry Dossey, *Healing Words: The Power of Prayer and the Practice of Medicine* (San Francisco: HarperCollins, 1993), pp. 205～206.
9. Hill and Mullen, "Overview of Psychoneuroimmunology," 245.

第五課

我做了甚麼？
責任與罪疚

我做錯了甚麼？
這問題，有若跟蹤者
如影隨形跟著我，
嘮嘮叨叨，硬要我專一注意。

我快跑、我躲避、我選擇另一條路。
我以為逃脫了，
深深呼一口氣。
但那跟蹤者偷偷從後面挨近，
拉我衣袖，潛進我夢中，
把我戳醒。
終於我大喊一聲：
「無論我做了甚麼，饒恕我吧。」

慢慢地，笑聲如氣泡升起，
逐漸脹大，不能自已，
叫我從頭頂到腳趾顫動，
釋放出壓力與淚水。
我從笑聲裏看見
跟蹤者溜走了。

癌症患者有很多內疚的理由。宗教、家庭、朋友、傳播媒介和社會都會直接或間接地促成這種罪疚感。不管他們相信自己是因昔日的罪過而受罰，還是相信自己是在承受因壓力和不良飲食習慣而帶來的苦果，很多人都將癌症歸咎於自己。我們對生活方式與癌症之間的因果關係認識愈多，人在確診患癌時找到的內疚理由就愈多。不論他們的癌症是否跟某種特定行為(比如抽煙)直接有關，他們都覺得自己或多或少促成了這病。除此以外，很多人因為不能治愈癌症而內疚。他們聽說做甚麼甚麼就能抗癌，但如果他們得不到緩解，這一切信息只會叫他們更感內疚。癌症患者又會因為不能像期望一般應付癌症，並為自己的癌症為親人造成了負累而感內疚。內疚的原因除了是患上了癌症、沒有「適當地」應付、自己的癌症影響了所愛的人、不能治好自己的癌症之外，也可以是由於沒有病死。當患者認識的人死於癌症時，他們會有幸存者的愧疚。以上這一切罪疚一方面會增加焦慮，另一方面又可能會帶來一些促進健康的轉變。

有關預防癌症的研究愈來愈受關注，這相對於治療方面所得的重視，是滿帶希望、需求甚殷的平衡。然而，傳媒對這類研究的報導往往過分簡化或甚至流於歪曲事實，以致我們得到的印象是，預防癌症是完全在我們的控制之內：假如我們吃蔬果的分量和種類都合宜、定期檢查身體、做正確的運動、儘量減少壓力，那麼我們就能保護自己不受癌症侵襲了。社會要我們為自己的健康負責。因此一旦確診患癌，患者常會感到自尊盡失、內疚、失敗、羞愧。[1]在一個乳癌支援小組中，有位女士道出這些感受：「我還以為自己已經做盡了應做的一切去防止這事發生。我吃的都是低脂食物，也定時運動，我每年都作乳房X光照片，我不明白為甚麼得了這病。我家裏沒一個人有過癌症。我不曉得自己有甚麼問題偏要患這個病，不過我想是我做錯了甚麼，或者是神想告訴我一些甚麼吧。」

很多人即使不能直接指出是哪種行為導致癌症，他們也還是覺得，神讓他們患癌是因為生活出了問題。他們或會覺得自己患癌是由於某種可怕的、有可能是無可饒恕的罪，一種連自己也說不清的罪。不論他們抱存的觀念是一個嚴苛的神給他們癌症作為罪的懲罰，抑或是，一位較為仁慈的神利用癌症來令他們在生活某方面作出改變，他們都深深感到罪疚。芬泰（William A. Fintel）是位腫瘤學家，麥德模（Gerald R. McDermott）則是宗教教授，兼從事牧養癌症患者及其家人的工作；二人從工作經驗發現，有為數出乎意料地多的人，有意識或無意識地相信，癌症可能是神為人過去的罪而施的懲罰。儘管聖經裏有關約伯和那生來瞎眼的人（約九1～3）的故事都駁斥這種對癌症的解說，人們還是堅持這種引發罪疚的信念。[2]大多數人都奇怪為何自己會患上癌症，而一些原始或幼稚的感受，很快就叫人想到一個答案——就是懲罰。[3]在痛苦的日子當中，很多人倒退到童年時期所遇到過的宗教裏面那個嚴厲的神。[4]

患者既認為是神令他們患上癌症，就對神產生有聲或無聲的憤怒，接著又覺得，這種憤怒是可怕的罪過，或許是褻瀆神了，那又往往加深了他們的罪疚感。有位男士確診患了膀胱癌之後，很生氣地對我說：「我沒做過甚麼當得這病啊，我不明白為甚麼得了癌症——不過我想，這樣質問神也不應該，可能我也要為此賠上代價。」

雖然我們為不斷發現到身心之間的關聯，以及這關聯對醫治所帶來的意義而感慶幸，但是我們必須留意其導致罪疚的可能。以心理或屬靈的手段控制癌症的進展或擴散，有其利亦有其弊。煽情的傳媒報導和流行書籍很多時未能把這個有關身心的觀點置放於一個護理的範疇內，結果病者便會為患上癌症而怪責自己。[5]這些病者聽到一些說法：他們患癌是因未能愛惜自己或未能在生活上經歷愛的緣故；又或：他們患癌是因為沒有把自己的感受和關係處理得好一點的緣故。他們就因此承受多一份罪疚感，苦上加苦。我們應該小心闡釋有關性格與癌症的關係的研究，因為其中有一個危機：患者會覺得病是自己惹來的，因而感到罪疚。[6]

黛寶拉確診患癌之初感到罪疚，她認為她是因為沒有合宜地表達感受，所以得了癌症（參第一、二、三課）。她試圖了解自己患癌的原由，於是研究身心之間的關聯。她懷疑是否因為要迎合他人的感受而壓抑自己的感受，導致她患癌。黛寶拉相信可能是因為她沒有合宜地表達怒意，所以免疫系統的功能降低了。不論這解釋是否正確，黛寶拉卻能夠加以利用，推動自己在情緒上長進。她不再滯留罪疚之中，反而利用所學的，把自己照顧得更好，更充分表達自己的感受。

然而，那些走極端、運用心靈力量去治療身體的人，帶來的是痛苦多於醫治。當精神及屬靈的修為被描寫成確實有效的配方時，它們就會變得危險多於有用。務要成功的擔子重重落在癌症患者的肩頭上——正在他們最無力肩負重擔之時(其實癌症及其治療方法都具有令人衰弱的特性)。[7]舉例說，有些人參加一些課程，教他們幻想白血球窮追猛打癌細胞，藉此控制病情，或完全消滅癌症。那些使用這類配方卻沒有進入緩解期的人，覺得自己失敗了。所以這類療法帶著一種風險，將過重的罪疚感加在患者身上。[8]同樣地，那些依賴「信心醫治」或「屬靈醫治」的人，倘若得不著所祈求的醫治，也會感到罪疚。假如他們聽說，若有足夠的信心或正確的信心便會得著醫治，而他們又得不著醫治的話，他們就會覺得是自己的錯。

年輕女子倩妮確診患了非何傑金氏淋巴瘤，自一位非親屬捐贈者接受了骨髓移植。最近離婚的倩妮，在各個住院及門診治療階段，主要都是靠母親照料。倩妮與母親均屬於一個著重靈恩醫治的信仰羣體。在倩妮接受叫人疲憊不堪的高劑量化療和骨髓移植期間，母女倆下了極大決心，不單祈求神醫好倩妮的癌症，還祈求她能免去會有的副作用。

倩妮出院後一個月，門診部一位護士叫我去見倩妮和她母親，因為她們很憂鬱。倩妮像差不多所有自非親屬捐贈者接受器官移植的病人一樣，出現排斥症狀。可是她們不明白，正如醫生的解釋，這是捐贈者的骨髓與她身體的骨髓彼此融合過程中的正常現象；倩妮反而以為那些副作用是顯出她缺乏信心。她母親也表示感到內疚，認為自己信心不夠堅強，但又覺得憤怒，因為神沒有照她們所求的賜下奇迹。潛存於這些感受之下的或許是這個恐懼：假如她們的信心不足以保住倩妮免受療程中的副作用，很可能也不足以治好她的癌症了。

倩妮 *(聲音顫抖)*：我想我僅僅是對這一切失望、厭倦。我不明白。我們已經支取了所有神賜醫治的應許，也斥退了不良思想。但是現在過了一個多月，我還是每天到診所來，差不多花大半天接受輸血呀、抗生素呀，天曉得甚麼甚麼一大堆的藥物。我的體力是零，如今又得了這恐怖的皮膚疹。*(給我看她的手臂)* 他們說我有排斥的現象，但是我曾祈求不要有這個。我想我就是信心不足，我讓恐懼偷偷混了進來。

院牧：我聽過其他接受過移植的人訴說自己的故事，你所經驗的聽來正是這個既漫長又艱難的進程中的一部分。

母親：不過你曉得我們是多麼努力祈禱，祈求倩妮的經歷會不一樣。神沒有答允我們的禱告，我感到失望，也許還有點兒生氣，因為我們懂得做的都已經做了。但是我知道我是不應質問神的，因為那表示我缺乏信心。發生了這些事情，不是神的錯，是我們的錯，因為我們信心不夠。

倩妮：我希望奇迹發生，這不單是為我自己，而是要讓爸爸看到神的大能，好叫他信主。你知道他是無神論者。我不知道神為甚麼不賜下我們祈求的神蹟。我想一定是我們的信心不夠堅強。

院牧：聽起來似乎你相信，自己的未來靠的是你和你的信心。

母親：聖經告訴我們，如果我們有足夠的信心，大山也可以挪開哩。

院牧：過往你是這樣經歷神的嗎？神一直都因為你有堅強的信心而答應你的禱告嗎？

母親：嗯，也不一定。我記得有次銀行快要取消我們的回贖權，把我和丈夫趕出我們住了幾年的家。我們的經濟出了問題。那時我已經信主，不過這件事發生的時候，我還沒有甚麼禱告生活，也不怎麼認識聖經。所以我沒怎麼真的為這危機禱告。我不敢說我有信心事情會得到解決，可是我跑去找銀行主管，試試再為房子籌措信貸。第二天，貸款部主管打電話來，說我們的申請不獲批准。我灰心得哭了出來。然後我覺得有東西或有人對我說：「回一個電話。」於是我就回一個電話，那貸款部主管表示很抱歉申請給拒絕了，而且理事們極少會重新考慮的，不過她會打個電話給理事會主席。*(淚盈於睫)*半個鐘頭後她覆電說，銀行會重新給我們的房子貸款。我確實知道這是個神蹟。

院牧：那是個奇妙的經歷！它對你目前的經歷可有甚麼啟迪嗎？

母親（哭泣）：我想即使在我沒有多少信心的時候，神也行過奇迹。

院牧：你告訴我的這個奇妙經歷，或可減輕你一些不必要的責任感。你的房子重新得到貸款，並不是因為你有足夠的信心。

倩妮：我為了沒有足夠的信心令自己康復而內疚不已哩。

院牧：我希望你媽媽的經歷幫助你看到，神的工作不在乎你有多少信心。

倩妮（歎氣）：那會是極大的釋放！我還要多想一下。

母親：謝謝你提醒我那個經歷。我知道我們仍然要有信心，不過或者我們不需要勉強自己。

倩妮的母親藉著述說過往的神聖故事，開始重新檢視自己的信念；而這信念令照顧女兒那悠長艱苦的過程更覺沉重。倩妮聽了這故事之後，尋獲一粒希望的種子，或可讓她卸下內疚的擔子。如果她的身體狀況靠的是神的工作而不是她的信心，那麼她就不用為了接受治療所引起的種種副作用而感到內疚，她的未來展望就可以包括得著痊癒，而且無須諸般努力激發

「足夠的信心」。雖然我沒有直接道出可能有的另一個結局，但是希望我的解釋已經暗示，即或倩妮得不到她和她媽媽懇切祈求的身體醫治，也不會是因為她們缺乏信心。在聆聽與闡釋這故事之間，我的目標是確認其中所包含的神聖的、具轉化力量的價值。

為感到內疚的癌症患者進行輔導介入，這可能涉及了挑戰他們的神聖意象。羅拔是個確診患了白血病的青年男子，他為在醫院接受高劑量化療的幾個星期定下了很高的屬靈操練目標。他規定自己每天閱讀大段聖經、祈禱、寫下一些日誌。他住院的第一個星期末，我去探望他，他表示感到內疚，因為過去幾天都沒有讀聖經和默想。我說他接受的療法很艱苦，或許已把精力消耗得他無法繼續實行計劃了。羅拔反駁說，患病不能作為免去責任的藉口，而且神期望他不論感覺怎樣，都應該做這屬靈功課。我詢問他心目中神的形像，從中介入。

院牧：羅拔，你怎樣描繪神？

羅拔：我不曉得有沒有真的想過，不過我就是知道神期望我們至少每天讀經禱告，即使其他甚麼也做不來。這是我所受的教導。

院牧：似乎你心目中的神，是教師或法官之類，一直給你打分數，分等級。

羅拔：我想是的，在某種程度上。你不認為神期望我們至少每天都祈禱嗎？我感到非常內疚，有些日子我就是不想禱告。

院牧：也許你應該考慮以其他方法思想神和禱告。

幾天之後，羅拔告訴我他一直想著我問他怎樣描繪神的問題。

羅拔：那天你走了之後，我一直想著你問的問題，你問我怎樣描繪神。突然間我想起一朵火焰——一朵巨大、明亮、溫暖的火焰。然後我覺悟一點：這火焰不是我點的，也不需要我保持它燃燒下去，它就在我裏面，而且不能熄滅。我覺悟到每天讀經祈禱的計劃，不但是為了贏得神的嘉許，也是為了令神常常記得我，讓我得醫治。一陣巨大的平安和如釋重負的感覺抓住了我。如今我看神有如這朵住在我裏面的火焰。當我因為藥物或痛楚而不想祈禱的時候，神仍然在那裏，我的信心也依舊，一直發射光和熱，也不用我時刻看守著。即使是我不想祈禱的時候，神的火焰或者禱告或者甚麼都好，仍然存在我心內，為我作工。這聽起來是不是很怪呢？

院牧：聽起來很像以色列人逃離為奴的埃及、前往應許之地旅途上的故事中所描繪的神。你記得那個聖經故事，它說神以雲柱和火柱的形像，帶領以色列人走過曠野。他們不用看守這火，也不用做些甚麼維持這火燃燒下去，這火隨時隨在，就好像你裏面的火焰一樣。

羅拔：對，我記得那個故事！我想我是從那裏得到印象，想到神是一朵火焰。現在我大可以放鬆自己，讓那火焰帶領我。

從前羅拔想像神是個必須討好的法官或老師，如今那意象已轉化為在他裏面發光發熱的永恆火焰。他不用每天都燃點這火焰，讓這火焰繼續為自己作工。神的形像在羅拔的心目中改變了，神的位置也從身外移到身內。如今他可以感覺到神在他裏面有一個「常駐之處」，叫他再也不用負責「時常看守」自己的信心。

除了因為沒有按照期望過屬靈及感情的生活而感到罪疚之外，很多癌症患者還會因為癌症影響了心愛的人而感到內疚。他們會覺得自己的病帶給家人和朋友太多負擔。有位女士說，眼見自己的病令家人痛苦，深感內疚，於是便「四出道歉」。另外一位表示，自己的癌症加諸雙親沉重的經濟負擔，令她內疚。她講述自己的患病經歷時，哀歎道：「我極其內疚，因為我不是常常可以幫補他們。我覺得自己是負累，而且所費不菲。」[9]

雖然好像很不可思議，但癌症患者也會因為自己仍然活著而感到內疚。一如越戰退伍軍人和其他死裏逃生的人，活下來的癌症患者常常飽受幸存者的罪疚所困擾，尤其是當有認識的人死於癌症的時候。有位男士訴說這些感受：「朋友去世而我卻活得好好的，我很難過。為甚麼我活著，而我的朋友——一個好得多的人——卻死了？我為自己活得好好的，難過死了。我知道那聽起來有點兒怪誕。」雖然大多數癌症患者理性上都曉得，自己活著與別人死於癌症完全無關，不過他們仍然覺得要為此負責任；假如他們曾經勉勵過死者，就會特別覺得內疚。有位年輕男子向友人的妹妹多方鼓勵、安慰、忠告，幾個月後她撒手塵寰，他便受到責任感的折磨，心想也許給了她錯誤的忠告。親友們會無意中加重這些負擔。有位年輕女子的父母勸她不要去探望因肺癌而瀕臨死亡邊緣的姑母。他們向女兒說：「你不能去見莎娜姑姑。你是不是要提醒她你大難不死而她卻逃不過，叫她傷心呢？」牧者對幸存者的罪疚感可有的回應，包括質疑癌症幸存者覺得要為別人的死負責這種過分膨脹的感受，並幫助他們接受自己的局限。幸存者的罪疚感也可能是一種掩飾，底下是因為無力掌握自己或任何人的必死命運而有的痛苦感覺。[10]

有時，癌症患者的罪疚感只是個藉口，用來掩飾他們難以接受生命局限的事實。癌症患者為自己的癌症或者為他人死於癌症而怪責自己，這比要他們接受自己只能有限度控制生命的事實，也許來得容易一點。如果他們相信是自己引起這癌症，不論是因為一件大罪，或甚至是由於不良飲食習慣，他們都可以保留一種個人的支配感。如果他們能夠將自己的癌症歸咎於某個原因，他們就可以改變那種不良行為。自責也會幫助患者堅持一個信念：世界有公義，人會得到自己在世應得的。[11]比較於困囿於為甚麼癌症患者有死有生這個沒有答案的問題之苦惱，罪疚可能會是一種沒那麼痛苦的情緒。

即使患者的罪疚感沒有根據，或在現實生活上完全站不住腳，輔導員仍要尊重他們所表達的罪疚，並作出回應。他們所表達的說話，告訴我們很多關於他們與神、與人之間的關係。比如說，假如人相信他們患癌是神對罪的懲罰，我們就能稍稍看到他們對神和對自己所持的看法。邦妮．梅麗-麥蘭慕（Bonnie Miller-McLemore）提醒我們，要鑒別罪疚感的合宜性與不合宜性，並根據道德靈性方面的評估作出回應。有一種評估是很重要的，就是從制度上的罪（例如種族歧視和性別歧視）的觀點，評估個人應負多少責任。梅麗-麥蘭慕贊同婦解神學的分析，認為在父權文化中，婦女所犯的罪常是否定自我而非驕狂獨斷，因此患病的婦女有不合宜的罪疚感，以為自己未能為所愛的人克盡其職。我們要區別兩種罪疚感，一種是不健康的、幼稚的、神經質的、自我挫敗的罪疚，另一種是「認為人必須為自己生命負責的存在主義觀念，要負責的是我們的生命與其他生命之間的關係，與及我們的生命與那當我們考慮到自己的死亡時、所有人都要面對的生命終極基礎之間的關係。」[12] 罪疚感可以成為建設性改變的催化劑。

格麗確診患了子宮癌後不久便尋求牧養輔導。她告訴我自己的成長經歷：她有四個哥哥、一個妹妹和一個弟弟。格麗還在襁褓時，父親已離開家庭，而格麗幼年時，母親一直多病。儘管上有兄長，母親仍是要格麗負責所有家務。她又倚賴格麗幫忙看管兩個較年幼的孩子。雖然格麗喜歡上學，覺得自己可以出類拔萃，但她並沒有時常取得好成績，因為家裏有那麼多工夫要做，常常不夠時間做學校的功課。格麗的學校以白人為主，她身為非裔美洲人，常感受到同學（有時是老師）的歧視。家庭與學校的壓力妨礙她參與社交活動，所以她在成長的日子感到寂寞和孤零零。中學甫畢業，她就跟惟一約會過的男孩子結婚，忍受了丈夫虐待五年之後，終於與他離婚。以後的十年，她一個人生活，甚少與家人朋友接觸。母親和兄弟姐妹繼續向她諸多要求，令她寧願避而不見。她變得非常抑鬱，連交朋友也不想。醫生給她抗抑鬱的藥，但因為有副作用她就停用了。

格麗總結自己的故事，告訴我她相信得子宮癌是神答允了她的禱告。我就此向她提問，她回答說：「我一直覺得非常難過，祈求出路。我想倘若我以為神會饒恕我的話，我早就自殺了。如今神給了我這條出路。」格麗繼續告訴我，她決定不接受醫生建議的手術或任何治療，儘管醫生告訴她治療的預後極佳。格麗表示她不太肯定不要治療這個決定對不對，又為自己求死的願望導致患癌而感到內疚。她問我我認為神會不會為她造成了這病和不要治療而原諒她。她想知道自己的決定是不是等如自殺。

格麗的問題並沒有輕易的答案。種族歧視與性別歧視兩種制度上的罪，與她為自己生命所負的個人責任，纏結在一起。她所屬的社會文化與家庭的罪，窒礙了她的才華發展和自尊的形成。遠遠在她有意識地想到自殺之前，其他人已經有意無意地毀掉她自我本質的某些部分。我問格麗怎樣看自己的前景，她回答說：「我若不是在一年左右之內死於癌症，就是繼續難過下去，心想寧願死掉。」因此，除了解決格麗眼前有關治療癌症的問題之外，我還有一個作為牧者的挑戰，就是幫助格麗使某些部分的自我活過來，這樣她才能想像一個較有益的未來故事。首先我勸格麗接受治療，不是為滿足一個苛刻的神的要求，而是因為她的生命值得保存。我又鼓勵她參加一個密集式的、每週一次的癌症支援小組，交些朋友，多發現自我。起初，格麗依從我的建議似乎是出於內疚多過希望。

她在支援小組默默坐了幾個星期之後，有一位成員請她說一下自己的感受，她也作出回應。她從小組得到的體諒和友情似乎給予她新的能量。在下一次聚會，她說話也生動多了，聚會後還跟組員互相擁抱。又過了一週，她不再穿得灰灰沉沉的，卻換上了鮮黃色長褲套裝，用標致的頭巾裹著因化療而逐漸稀疏的頭髮。我聽到她與一些新朋友相約共進午餐和晚飯。在支援小組最後一次的聚會中，她表示感激他們幫助她重獲新生：「我以為自己得了癌症，生命已經完結了，坦白說，我有點高興。我一直以來都是非常憂鬱孤單，令我覺得不值得活下去。可是你們令我覺得重要和被愛。我還以為癌症是我脫離人世的出路，原來它是我進入生命之路。」格麗還說這是她有生以來第一次嚐到歸屬感，覺得別人接受她是因為她自己本身而不是因為她能為他們做些甚麼。透過與小組裏的新朋友們感同身受的交流，格麗展開重新界定自己是個有價值的人的過程。如今她會選擇活下去，不僅是出於內疚，而是由於懷著希望，她的未來還有種種可能。格麗視支援小組為一個神聖的羣體，賦予她能力改變自己的未來展望，從絕望轉為充滿意義、充滿喜樂的。

如果某種行為與癌症之間存在直接關係，患者的罪疚感便沒有那麼複雜，但所感覺的痛苦卻不會減輕。肺癌與某種生活習慣的關係之深，往往比其他癌症都要密切。抽煙至今仍是構成肺癌的最重要因素。[13]因公民教育愈來愈強調肺癌與抽煙的關係，長期抽煙的人在確診患癌時就更覺內疚了。他們所愛的人或會指出，多年來一直都警告他們抽煙的害處，這就更加深他們的罪疚感。這些人知道自己的罪疚感是有根據的，[14]牧養輔導員務要特別體恤他們的需求。在一個支援小組裏，有位患肺癌的男子表達自己的感受：「當人發覺我患了肺癌時，他們的面孔就好像是說『你是罪有應得的』。甚至醫院這兒的護士和技術員往往都不想理我。即使是我令自己患上癌症，我還是一個人；我還是有感覺的。我知道我不應抽煙。我很抱歉曾經這樣對待我的家人、對待我自己。」

承認罪過是通往寬恕之途的起點。支援小組的成員每每傾向於過分認同那人的痛苦，而說一些話去打消他的懺悔，比如說：「我們沒有一個是完全人。你也不是有意患上癌症的。」我在小組裏擔任的牧者角色是，聆聽那人的懺悔並嚴肅看待他為其自毀行為而感受的內疚。他在自己的申訴中說到「我還是一個人」，那其中包含的意思是，他需要別人嚴肅看待他的罪疚感和責任感。我鼓勵小組確認他的罪疚感，幫助他踏上得寬恕之途。我提出得寬恕的方法，不僅是由於向那些被他的行為所害的人說出懺悔的話，也是在於他行為上的改變。當他向小組表示感激他們的關心時，我建議他想像神好比是這個關愛的羣體（Caring

Community），祂寬恕他，賦予他能力在生命中作出種種改變。

即使大多數癌症跟患者的行為並沒有明確而直接的關聯，很多人仍然為患上癌症而感到自疚。重要的是，牧者切忌急於引入一位不藉著癌症懲罰人的神的意象，宜先聆聽人表白自己的罪疚感。[15]正如我們已經討論過，癌症患者又會因為不能醫好自己的癌症、不能依照期望應付癌症，因為成為家人的負累，甚至因為沒有死於癌症而感到內疚。不管他們的罪疚感有沒有道理，牧者的介入必須注意恕罪的動力。既然患者感受的罪疚與責任感是變化多端而且複雜的，恕罪的經驗也就有多種形式。

當罪魁禍首是體制多於個人的時候，好像格麗的情況一般，恕罪就涉及了認識到社會罪行在個人生命中的作用。在我替格麗進行牧養輔導時，我引導她從社會背景的角度去看她的生命，好讓她能明白自己是被加罪（sinned against）多於犯罪。對她來說，恕罪不是專注於承認她自己個人的罪，而是承認別人加害於她的罪。饒恕他們意味著放開他們對她的控制能力。因此格麗所採取的饒恕方式，會近似富傳恩女士（Marie Fortune）向性暴力受害人所推介的形式。饒恕包括解除被害心態，比如透過以下的堅定禱告：

> 我不再容許這暴力經驗支配我的生命。我不會讓它繼續令我為自己感到難堪。我不會讓它限制我在生活上愛和信任人的能力。我不會讓我對那經歷的回憶繼續加害於我或操縱我。[16]

社會性的罪——包括地球環境的污染問題——是個錯綜複雜的網，會是令個人罹患癌症的原因之一。患者固然可能要為這些社會性的罪負上部分責任，但是這些罪比任何一個人都大。因此恕罪除了是個人經驗之外，也變成了集體經驗。支援小組或其他由癌症患者組成的團體裏面的輔導介入，不但會包括了討論社會性的罪，也包括了一些認罪儀式和一些支取能力以求改變的儀式。有效的輔導介入也著重將饒恕當成是一個施與受的互惠過程。

哈勞德確診患了前列腺癌，定意要盡自己所能與癌症搏鬥。他選擇用傳統的手術及放射治療，輔以營養和運動療法。除此以外，他還請全國各地的「信心治療師」為他祈禱，儘量將自己的名字納入更多的教會祈禱名單上，並出席靈恩醫治大會。經初步治療之後，哈勞德的病進入緩解期。但不足一年，癌病在肝臟復發。雖然醫生們說能為他做的不多，但哈勞德決意盡一切辦法醫好癌病。他說服腫瘤科醫生給他化療，並且更熱切地四出尋找「信心治療師」。他的癌病繼續擴散全身。我每次到醫院探望哈勞德，他都請我與他一起禱告，祈求醫治。

有一天，我進去之前不久，他的腫瘤科醫生告訴他繼續接受化療是枉費心機。哈勞德以這話迎接我：「醫生說他再沒甚麼可做的了，但我倚靠那位大醫生。你知道我是多麼努力地祈求醫治。雖然還沒有發生，但是我會繼續祈求。請跟我一起禱告。」哈勞德真的要我與他「一起」祈禱。我們的禱告採取了輪流啟應的方式，間中他就一再重複地說：「謝謝你，耶穌。偉大的醫生，請醫治我。讚美主。」那天在我們祈禱之中，我聽見他突然說出：「神啊，我原諒祢。」跟著是死寂的沉默。然後哈勞德笑了起來。起初是強忍住的傻笑，繼而爆發為響亮、失控的大笑。我加入他那富感染力的笑聲之中。最後，笑聲過去了，我們就有以下的對話：

哈勞德：那真是一時佳話，可不是？我竟然向神說原諒祂。我知道神聽了很高興！*（大笑）*我不曉得那是從甚麼地方跑出來的。

院牧：我想神也很高興，還跟我們一起大笑一場哩。也許你要原諒神沒有做你的大醫生吧。

哈勞德：我想我不可能勉強神做的。不過我想我是失望了，因為我禱告了那麼久，那麼努力，凡是我曉得會令我康復的我都做了。

院牧：哈勞德，你都做了。雖然今天你沒有體會到神是偉大的醫生，但是也許你體驗到神是別的東西或是別的人。

哈勞德*（笑著）*：或許是位大笑伙伴。當我說「我原諒祢」，並且在禱告中間狂笑起來的時候，我沒感到神有發怒。我覺得神跟我們一起笑。

對癌症患者來說，饒恕會包括了接受人類生命的局限。在這個過程當中，他們可能要饒恕神、饒恕生命和自己的身體，因為這些令他們大失所望。為了因某些可以改過的行為導致患癌而罪疚，即使那罪疚感並無根據，也許都還要比因為只能有限度控制癌症而感到焦慮，來得容易些。承認某種具體的罪，比起承認自己的有限、脆弱和必死的事實，痛苦會較輕。癌症患者嘗試在腦海中設想神是他們的「大醫生」，總簡單過將自己交託給那位「大奧祕」。

經驗饒恕是癌症患者所面對的重大屬靈挑戰之一。罪疚感和責任感從四方八面、以種種形式撞擊他們，牧者的輔導介入必須掌握這罪疚感的原始性和複雜性。當患者表示，覺得癌症是神對他們的罪的懲罰時，牧者如聽取他們的懺悔並給予饒恕，可以為他們帶來安慰。但是如果罪疚只是用來掩飾因生活中的不明朗和局限而產生的焦慮，饒恕的過程就要複雜多了。我們作為屬靈導師，可以對那些使人一直陷於不健康的、自我挫敗的罪疚之中的神的形像提出質疑，並邀請他們轉向一些促進成長和發現的聖像。我們可以幫助人了解自己的人生故事，不僅是從個人責任的角度去看，也從社會罪惡這個背景去看。我們進入他們的故事，可以與他們一同感受那由於人的局限而引起的焦慮，以及因饒恕應為這些局限負責的人或事而帶來的釋然。我們又有機會刺激人的想像力，創造充滿喜樂、希望和恩典的未來展望，這實在是我們的一份神聖特權。

註釋：

1. 參 Lauren K. Ayers, *The Answer Is within You: Psychology, Women's*

Connections, and Breast Cancer (New York: Crossroad, 1994), p. 52。

2. William A. Fintel and Gerald R. McDermott, *A Medical and Spiritual Guide to Living with Cancer: A Complete Handbook for Patients and Their Families* (Dallas: Word Publishing, 1993), pp. 152～153.
3. Richard L. Schaper, "Pastoral Accompaniment of the Cancer Patient," *Journal of Religion and Health* 23, no.2 (summer 1984): 143.
4. 亦參 Glenna Halvorson-Boyd and Lisa K. Hunter, *Dancing in Limbo: Making Sense of Life after Cancer* (San Francisco: Jossey-Bass Publishers, 1995), p. 44。
5. William Collinge, "Mind/Body Medicine: Separating the Hope from the Hype," *Coping* (winter 1992): 20.
6. Ellen Carni, "Issues of Hope and Faith in the Cancer Patient," *Journal of Religion and Health* 27, no. 4 (winter 1988): 286，亦參 David K. Wellisch and Joel Yager, "Is There a Cancer-Prone Personality?" *Cancer Journal for Clinicians* 33, no. 3 (May/June 1983): 145～151。
7. Cynthia McGinnis Richards and Edward L. Palmer, "Cancer and Humiliation: The 'Catch 22' of Disease," *Journal of Religion and Health* 30, no. 4 (winter 1991): 331～335.
8. 參 David Spiegel, "Can Psychotherapy Prolong Cancer Survival?" *Psychosomatics* 31, no. 4 (fall 1990): 363。
9. Richards and Palmer, "Cancer and Humiliation," 334.
10. Travis Maxwell and Jann Aldredge-Clanton, "Survivor Guilt in Cancer Patients: A Pastoral Perspective," *Journal of Pastoral Care* 48, no. 1 (spring 1994): 25～31.
11. Halvorson-Boyd and Hunter, *Dancing in Limbo,* pp. 43～44.
12. Bonnie J. Miller-McLemore, "Death and the Moral Life: Odd Bedfellows in Our Postmodern Age," *Dialog* 32, no.3 (summer 1993): 169.
13. *Cancer Facts and Figures* — 1996 (Atlanta: American Cancer Society, 1996), p. 10。據 *Scientific American* 275, no.3 (September 1996): 128 的報導，在所有肺癌個案裏面，有百分之八十五至九十是與抽煙有關的。
14. 參 Michael E. Cavanagh, "Ministering to Cancer Patients," *Journal of Religion and Health* 33, no. 3 (fall 1994): 233。
15. 參 Irene Henderson, "Matters Close to the Heart," in *Through the Eyes of Women: Insights for Pastoral Care,* ed. Jeanne Stevenson Moessner (Minneapolis: Fortress Press, 1996), p. 213。
16. Marie Fortune, *Sexual Violence, the Unmentionable Sin: An Ethical and Pastoral Perspective* (New York: Pilgrim Press, 1983), p. 209.

第六課

如今我歸屬何處？社會性的影響

在圈中起舞，
高興地旋轉，
與所有人同步轉動
於愛與生命的
魔術圈中。

舞蹈遽然靜止。
圓圈裂開。
我獨自墮後，到圈外，
古老的吟誦「不潔、不潔」
敲打著我的腦袋。

蹣跚舉步，我聽見
另有聲音，我張開眼睛，
看到另一圈在舞動，
漸近，漸近，
伸手把我擁抱。

我被拉進圈內，感覺
兩圈匯合為一，
交疊擴大，
就在人人跟著新的
愛與生命之歌起舞時。

當人經驗到身患癌症的社會性影響時，「為何是我？」這個問題常常變為「我歸屬何處？」我們的文化不斷朝著預防疾病與提倡健康發展，疾病就變得更加不為社會接受了。儘管人們再不會在理性上害怕癌症傳染，他們還是想儘量遠離癌症，並避免與患這病的朋友來往。這種疏遠有不同的有意及無意的原因，比如本能地害怕接觸癌症和不知道說甚麼才好。因此很多癌症患者仍然感受到被社會排斥；他們會表示感到受了玷污，或表示感到被人看成已受玷污。他們仍然受僱主和保險公司的歧視。因此，癌症患者所面對的心理活動包括了羞愧與被人排斥。患癌的經歷還包括家庭角色和關係的轉變。在這經歷期間，要患者接受關係之中的局限和支持會變得格外困難。當家人都活在其癌症陰影之下時，焦慮、恐懼和預期的哀傷，會影響到家人之間的相處方式。確診患癌者所經歷的轉變，自然會影響到所有與他們有關的人。結果可能是遭人否定和疏離，也可能是彼此增強了的坦誠度與親密感。

儘管在癌症的治療方面已有長足進步，而癌症幸存者的數目也日見增加，但是「癌症」一詞仍然叫人想到一股陰險的破壞力量。事實上，「癌症」的其中一個定義是：「一種有毒的、會蔓延的惡。」我們聽人提到「摧毀社會的癌」，或者「人靈魂裏面的癌」。癌症患者覺得羞愧有甚麼出奇呢？有些患者覺得非常羞愧，以致他們選擇在同事面前甚至是密友和家人面前，隱瞞自己的病情。有位最近確診患了乳癌的女士，在支援小組聚會之前來找我，想看看要不要信任這個小組。她詳細問我小組由甚麼人組成、由甚麼人主辦、目的是甚麼、保密程度如何。在小組裏她默然而坐，直到聚會差不多要結束，她才吐出這些感受：「除了我妹妹之外，我沒有告訴任何人我患了癌症，連媽媽也沒有。我怕告訴同事，因為他們也許會避開我，或者開始在我背後弄舌，或者在我身邊會感到不安。我真的很怕老闆會發現；那她就會用另一種眼光看我和我的表現。我覺得患癌很羞愧。」她又向小組道出她曾經為自己的獨立和健康深感自豪。她一邊顫抖一邊重複著說：「現在我總覺得那麼羞愧、那麼羞愧。」

很多人覺得很難與那些患有威脅生命的病的人作社交上的往來。這類往來會令他們自己對疾病和必死命運的恐懼浮現，所以他們選擇避開或撇棄患癌症的朋友。即使癌症患者沒有遭人撇棄，他們也常常看出身邊的人的不安，並且害怕被排斥。有位年輕女子說她可以從人怎樣注視她，或者怎樣避開某些話題，而看出他們是否在意她的診斷結果。她懷疑有些人繼續對她友好，不過是出於同情而已。很多時她覺得與同輩們疏離得不能與他們交往，有時她害怕若別人曉得她的「真相」，就會排斥她。她表示害怕會失去看顧幼童的工作：「每次回去，我都會想，這次他們的母親會不會告訴我不再需要我了，她已經知道我的真正身分，害怕我照顧她兒子。」[1]

即使是那些不逃避與患癌朋友來往的人，也可能迴避談及感受。他們根本不能明白，或者不想感受到朋友所體驗的恐懼和哀傷之深沉。對患癌的朋友，他們雖然可以陪伴左右，但是感情上的支持則欠奉；當朋友表達痛苦的感受時，他們就想辦法令他振作點。朗達(參第一、二、三及四課)跟我談到這方面的感受。

很多朋友都說我把病情處理得多麼好。這給我壓力：一定要撐著。我覺得不可以公開說出自己的感受。我的同房室友希望我常常保持樂觀，因為她相信抑鬱會令我的癌症復發。我知道朋友們都覺得無助，也只是想扶我一把，可是每個人都叫我做不同的事情——為各樣損失哀傷、要樂觀、笑——真叫人受不了。有時候，我覺得連自己身在何方都不知道。

那患者感到孤單、無所適從，也許甚至心底裏覺得被人排斥。

有時，癌症患者覺得被孤立，不是因為家人朋友不談感受，而是由於經歷這些感受的時間各不相同。在確診與治療期間，大多數患者都將精力集中於依從醫生囑咐的每一個步驟上，並儘量搜集有關自己的病的資料。他們全神貫注於如何度過艱苦的治療。這個以任務為定向的心態令他們感到主權在握，而且充滿希望。在這段時期裏面，他們的家人朋友也許正感受著最深的恐懼與無助感。療程完結後，癌症患者有多些時間和精力面對自己患病的現實。關於生死的重大問題浮現，伴同而來的是對舊病復發的恐懼。此時，家人朋友們正為他們所愛的人終於完成了所有療程而鬆一口氣，他們相信所愛的人現在已經好了，並想將痛苦的感受置諸腦後，卻不明白為甚麼所愛的人這時才開始感受到這病帶來的感情和靈性上的痛苦。[2]這個時間上的間距可以令所有牽涉在內的人都苦惱萬分。有位年輕男子道出這方面的感受。

我們好像不合拍。接受治療期間，我看得出朋友們有多害怕。他們要安慰我的時候，我就發一輪脾氣，不然就是反過來安慰他們，說我會沒事的。現在療程完畢，人人都告訴我我好了他們多麼高興，但是我不覺得好了；我覺得快要瘋了，但是我又不能告訴誰。他們不會明白的，我也不想令他們難過。他們已經為我承受太多了。

癌症患者往往因為迴避討論病情，而變得對最親近的人表現冷淡；這可能是由於害怕惹起彼此的不安，也可能是由於害怕損失的那份恐懼實在太難以忍受。在親密的關係中，比如婚姻關係，配偶感到的焦慮往往與癌症患者所感受的程度相等。然而問題不但在於配偶在感受上有時間上的差距，也在於他們不能將自己對該病的感受傳達給對方。[3]於是發展成大家都保持緘默，各自努力護著對方的感受。有位男士患淋巴瘤已到晚期，他的妻子私下向我訴說她的恐懼和哀傷。當我碰到她丈夫一個人在病房時，他吐露自己害怕死亡，還說但願這場痛苦和角力戰快快結束。但是當兩人同在房間的時候，她就不斷說他正慢慢康復，不久便可恢復工作。他也笑咪咪、點頭同意作回應。我努力要幫助他們更坦誠溝通，但是他們都情願選擇迴避討論自己的痛苦感受。他的病情每況愈下，而二人就似乎變得彼此更為疏遠了。

夫婦二人可能因要應付不同問題而漸生距離。癌症患者正與關乎意義和目標的屬靈問題短兵相接，他或她正在問有關生死的終極存在問題；另一方面，配偶則正在為日常的壓力，為怎樣平衡照顧病人與經濟負擔及一切其他家庭責任而大傷腦筋。[4]即使他們肯互訴衷曲，要了解對方也不容易，結果是感到受挫和疏離。

對癌症患者來說，要接受人際關係的局限，往往成為他們情感上的一項最大挑戰。不管他們是否想更多倚賴別人，癌症總有法子迫使他們不得不如此作。他們不但要在身體方面需要倚賴家人和朋友，在感情和靈性上亦然。他們感到軟弱和容易受傷害，這會令他們對人際關係的期望也提高；儘管他們從前或已接受了某段關係的局限，如今卻要同一個人給予他們無條件的支持和了解。洛伊絲(參第二課)表示對母親失望，因為母親不能給她所需要的支持。

我媽媽大半生都因種種小毛病而處於半病狀態，她一直沒有照顧過人。自從我確診患癌之後，我跟一些認識我媽的人談過，他們都說她一直沒改變。情況改變了，那也令我改變了，但是她不能作出改變。我想我是希望多要一些，結果很失望。那是個還沒癒合的傷口。當我軟弱時，就會覺得她在等我露出弱點就出擊。所以我已經斷絕一切溝通，等我好得七七八八，再應付得來才說。

有位男士訴說自己的挫敗感，因為他的妻子沒有像他所希望的支持他。他說終於覺悟了，原來他一向十分堅強獨立，所以她不明白他會需要身體和情感上的支持。起初他很難開口叫她幫忙，但後來他也學會了要直接一點說出自己的需要。

癌症導致家庭角色上的轉變，由此引起家庭裏的張力。假如這病迫使人辭去工作或放下某些家務，婚姻關係中的角色便會逆轉過來。很多時候，病倒的是全家賴以維繫感情和來往的那一位，如果家裏沒有另一個人走出來擔起這個角色，整個家庭就會瓦解了。很多時候，如果父母病倒，兒女成為擔起整頭家的人，父母與子女的角色便逆轉了。當一個年輕的成年人確診患癌之後，父或母便要再次擔起照顧的職責，因而窒礙了那正在發展或已完成的正常的關係變易過程，父母和子女都會對關係被迫倒退而感到憤慨。

馬可二十歲那年確診患了急性白血病。馬可高中畢業後，選擇往一所離家千哩的大學升讀，因為他想過獨立生活。頭一年他住進大學宿舍，第二年則住公寓。他在第二個學年後的暑假獲知診斷結果，很不情願地回家接受治療。自從馬可五歲那年，他父母已經離異。直至上大學之前，馬可都是跟母親住的；他跟父親從來都沒親近過。馬可搬回母親的家，開始化療。

馬可因受感染及其他化療引起的併發症而數度長時間住院。他母親德妮絲日以繼夜地陪著他。他父親來過幾次，但馬可對他的來訪心情很矛盾，而德妮絲就公然對他頗有微言。德妮絲認為照顧馬可的應該是她，因為父母二人只有她關心馬可。她當著馬可向我訴說，她為了照顧馬可作出多麼大的犧牲：她將自己的職業和社交生活都暫時架空。在一次極罕有的情況，德妮絲不在病房裏，馬可告訴我他對這個安排的感受。

馬可：媽媽去辦點雜務。*(歎息)*我倒希望她多出外走走。她也要保重自己。

院牧：你媽媽似乎很不願意把你留下。

馬可：我知道，可是我寧願她把我留下！你不要誤會。我感激她為我做的一切，不過有時候我只想一個人。我知道她怕我會有甚麼事發生，我也怕。我知道我現在很需要她，但是我懷念自己過的獨立生活。甚至我自己做得來的她也不許我做。有時她好像對娃娃一樣待我，我討厭這個！我希望她了解，即使我病倒了，我也是個成年人。我以為她這樣子整天守著我，對我和對她都沒有甚麼好處。

院牧：我十分了解你的病要你作出不少的轉變。不過你不想媽媽把你當作是小孩子一樣地對待你。

馬可：不是我不感激她所做的。我想在這般時刻，人人都需要自己的媽媽，但是我希望她多些讓我靜靜的一個人，讓我多一點照顧自己。我知道她信任你，喜歡跟你聊。也許你可以跟她談談這個。

我觀察馬可和母親之間的交談相處，清楚看出他們的關係並不全然促進健康。當德妮絲談到馬可的情況時，她會用眾數，比方她會説「今天我們胸口常常作悶，」顯出她深陷母子關係中，不能抽身。有幾次，我在馬可房間以外見到德妮絲，就鼓勵她多保重自己，要信任馬可照顧到自己，也要信得過護士們。我又邀請她來我辦公室，坦白説出自己對馬可的病的感受。她一直沒理會我的勸告和邀請，直到有一天，她覺得特別擔心和疲倦。在我的辦公室裏，德妮絲將自己的感受盡情傾訴。

德妮絲（*哭泣抖顫*）：我非常擔心馬可逃不過。他是我的寶寶。想到會失去他，我就受不了。也不是有甚麼新的壞消息。其實今天醫生給了我們一個很好的報告。我們的指數升了，今天我們的胃口也好了些。可能不久我們就可以回家了。我想我實在太疲倦了。我要為馬可堅強起來，可是有時我覺得快要崩潰了。我要振作起來，因為我是他惟一可以信賴的人。你知道他爸爸怎樣的啦——我們從來都不能靠他。有時他對馬可説要來探他，卻不見蹤影；等到他來了，就光是坐在那兒看電視看書，馬可不好意思叫他替自己做些甚麼，所以我一定要隨時為馬可守候。當然，我也想做到的，但是我已經厭倦了。我再也沒有自己的生活了。

院牧：我可以明白，你日以繼夜地照顧馬可會有多疲倦。你有沒有問過馬可，他對於你常常陪著他有甚麼感覺？

德妮絲：噢，我知道他想我陪他。我有幾個好朋友主動要來陪他，但是他覺得不好意思，而且他們也不曉得怎樣幫他。

院牧：你有沒有問過馬可，他會不會喜歡有獨處的時間，多些自己照顧自己呢？

德妮絲：我知道他是多麼的需要我。我想假如我不在那裏的話，他不會得到那麼好的照顧。我知道他需要他的媽媽。

院牧：德妮絲，你曾經告訴過我，你的信仰對你有多重要，你也知道神在幫助你度過這一切。試試想像神是位母親，能夠代替你，讓你休息一下。或許你信不過由朋友或前夫來照顧馬可，但是，你可以相信由天上的母親 (Mother God) 來照顧他嗎？

德妮絲：我從來沒有那麼想過。

院牧：在申命記有一段經文，描寫神好比母鷹，她攪動鳥巢，要使雛鷹自己飛出來。她教雛鷹學飛，先是把牠們背在翅膀上，讓牠們跟她一起飛，然後她突然撲下，讓雛鷹自己展翅而飛。不過母鷹會在旁邊伴隨，等到雛鷹累了，無力飛了，母鷹就迅速回到雛鷹下面。馬可過去幾年自己在外面飛，然後他病了，再次需要母親的照顧，你也給了他所需要的照顧。但是你不用獨自一人去做，當你軟弱疲倦得不能自己飛的時候，我們天上的母鷹 (Divine Mother Eagle) 也會幫助你的。你可以相信天上的母親會照顧馬可，讓你休息一下嗎？

德妮絲（哭泣）：也許我可以。我想信。那是個很美的故事，這樣子想像神令人感到安慰。

牧者的輔導介入若包括釋放人和安慰人的聖像，就會有助癒合癌症所引起的關係上的機能失調。「神是母親」的意象，可以消除人間母親對患上癌症的子女那份過重的責任感。除此以外，母鷹的意象更刻畫出母子關係的健康變化。在輔導過程中，我繼續與德妮絲探討這些意象，她漸漸開始有些時間沒留在馬可身邊，給予他多些自由照顧自己。這次輔導介入結果對德妮絲和馬可都有益處。[5]

神聖故事，以及神聖意象，都是在從事牧養輔導時可以引導癌症患者重返健康關係圈子的一些工具。那些把聖經故事視作權威的人，如果將聖經故事和自己的故事連接起來，就會從中得益。當他們與聖經故事中的角色認同之際，當他們用更多精力去接觸一些處於類似景況的人之時，他們的孤立感就會減低。

甄恩是位四十來歲的單身女士，她在確診患了卵巢癌幾個月之後來接受牧養輔導。甄恩是位事業有成的會計師，她十分看重自己的獨立生活方式。她與父母和兄弟姐妹的關係不大親密，所以選擇住到離他們甚遠的地方。甄恩最接近的人是工作間和猶太會堂裏的朋友；她加入該猶太會堂已有多年，頗為活躍。手術期間，朋友給予她很大支持，現在她接受化療，他們仍不斷支持她。甄恩很感激朋友們的鼓勵，可是那常常令她感到孤單。她覺得不能告訴朋友們她的真實感受，因為他們是那麼努力地想令她開心一點。

甄恩：有時我覺得快要瘋了。人人都說我的氣息不錯，都說他們知道我一定會好起來的，但是我感覺的並不是那樣子。我的頭髮還未脫落，外貌也沒有甚麼改變，我繼續上班，做平日做的事，所以他們以為我應付得很好。他們說我處理這病好得令他們深受感動。他們其實並不曉得真相。我去一樣的地方，做一樣的事，不過一切都不一樣了。我上班，感覺就好像到了外國一般。沒有一樣東西看來是熟悉的；覺得自己和每件事都不協調。所以我覺得快要瘋了。人人都以為我跟從前沒有分別，但那只是行屍走肉而已。沒有人會明白的。

院牧：假如你將心中真正感受告訴知心朋友們，你以為會有甚麼事發生呢？

甄恩：他們可能會不知所措。他們沒可能明白的。他們聽到我有多驚慌，也許會害怕死了。

院牧：然後他們會怎樣？

甄恩：他們不會留下來的。他們可能想留下，但是不能，因為他們不知道該做甚麼。對他們來說，太嚇人了。

院牧：甄恩，你記得聖經裏路得和拿俄米的故事嗎？

甄恩：記得，不過有甚麼關係呢？

院牧：我想你的感受可能與拿俄米差不多，或許你需要一個像路得的人。你記得拿俄米失去很多東西。首先，她失去了丈夫，然後失去了兩個兒子。在那個時代和社會裏，女人的身分是附從於男人的，因此拿俄米感到她生命的一切都改變了，她決定回到自己在猶大地的故鄉去——她離開老家已經很多年了。她曉得自己對這片土地的感覺會跟從前不一樣，因為她的生命已經改變了許多。她說她離開故鄉時是「滿滿的」，如今卻是「空空地」回來。像你一樣，拿俄米回到一個熟悉的地方去，但是一切都不一樣了。她的媳婦路得也失去了丈夫，又無兒無女。但路得能明白拿俄米一無所有的感覺，她離別故鄉摩押，跟拿俄米到猶大去，兩個人一起去尋找的新生活。你有沒有一個像路得的人，會跟你一起到另外一個地方過新生活呢？有沒有一個人，正在處於跟你差不多的經歷之中呢？

甄恩（哭泣）：我的好朋友沒有一個患過癌症，他們不能夠明白我現在所經歷的。

院牧：你覺得參加一個支援小組怎樣？在那裏你可以認識其他患癌症的人。

甄恩：那可能會有幫助。或者那兒會有人明白我的感受。

也許我可以找到一個在我看來像路得一樣的人。

院牧：我相信你在小組裏會找到能夠明白你目前的經歷的人。你會找到一個人，或者是一圈子的人，可以做你的路得。

癌症患者從多方面獲取希望。如果他們備受家人朋友支持，他們就從這些關係找到希望。但是有時親友表達希望的方式和時機，卻令癌症患者感到被誤解而且孤單。牧養輔導員與這患者同行，聆聽他的未來展望(不管那是絕望還是希望的故事)，就會有助他塑造希望。甄恩的未來展望是：如果她的朋友知道她的真實感受，就會嫌棄她、捨她而去；這令甄恩感到被孤立、感到絕望。但是，如果想像她的未來展望是：她被一圈明白她感受的朋友圍繞著，那就會給她帶來希望了。我向甄恩提出這種展望的可能性，於是能與她一起懷抱希望，並讓她得以從我那裏「借用希望」。[6]甄恩果然開始來參加小組聚會。幾次聚會之後，她表示如釋重負和感激，因為她找到一處可以坦白表達感受的地方，並找到一羣可以與她同走癌症之路的新朋友。

牧者為癌症患者進行輔導介入的其中一個最有效的方法，是讓他們與其他正經歷類似病情的人有交流。當他們認同別人的故事時，就從他們的孤立和疏離感踏上醫治之途。轉捩點通常是在癌症患者覺悟到「我並不孤單」之時。彼此之間建立起友誼，感到有人聆聽、看見、明白、認識；這對於一個人的靈性、感情和身體的健康都至為重要。

精神科醫生史比歌(David Spiegel)認為身體與心靈之間的關係有「誇大其辭」之嫌，決意著手調查一下。他研究八十六名患乳癌且有轉移迹象的婦女，試圖證明心理社會性的支援小組雖不能影響生活的量(長度)，卻是可以改善生活的質的。在小組裏，婦女們討論到自己對死亡的恐懼、怎樣儘量把餘生活得豐盛點、加強與家人的關係、改善醫生與病人之間的溝通、培養強烈的互相支持感覺、控制痛楚和其他身體症狀。史比歌説婦女們彼此之間培養出緊密聯繫，逐漸感到融入社會。她們透過分擔這彼此共有的困境，體會到一份歸屬感和被接納的感覺。癌症患者與那些心懷善意但不能充分明白他們的朋友家人之間，常常有一種社交上的疏離感，而這類小組就平衡了這種疏離感。令史比歌覺得意外的是，他發現支援小組的婦女不但在生活素質上有所提升，連生命的長度也有所增加。她們比那些沒有參加小組的婦女多活一倍的日子。史比歌得出一個結論：社交關係影響生存機會，因此全面的癌症治療除了藥物治療外，還應該包括深入細緻的心理社會性支持。[7]

心理學家艾爾絲(Lauren K. Ayers)在她的研究中，同樣發現社會性的支持——包括歸屬感和與人分享——是影響乳癌病情發展的其中一個心理因素。她總結説，羣體生活對正常的心理及身體運作十分重要。[8]韋里蜀(David K. Wellisch)聲言，癌症支援小組可以填補因日漸減少的醫療資源(包括精神健康方面的資源)而造成的服務上的缺口，因而愈顯得其重要。[9]研究結果已經從事實證明了羣體生活的功效；這一點其實是教會早已公認的。身為屬靈導師，牧養輔導員擁有獨特的機會，幫助患者體驗羣體生活的神聖力量。

多月以來，我都鼓勵蓮娜參加癌症支援小組。她與家人不咬弦，所以選擇了自己一個人住。她有很多生意上的朋友，也有幾個知心好友。確診患癌之後，其中一個朋友就開始疏遠她。兩人關係相隔愈來愈遠，令蓮娜很是苦惱和傷心。在這期間，她又發覺與另一個朋友的關係總是得不到回饋。這個朋友一向對蓮娜都是取多於給的，如今蓮娜患了癌症，她不曉得怎樣幫忙。蓮娜手術之後住院期間，這個朋友致電蓮娜大談自己的問題，而不是聆聽蓮娜的擔憂。蓮娜在教會長大，有過一些不好的經歷，所以已有多年沒有參加甚麼宗教團體。終於她肯聽從我的勸告，參加一個每週聚會一次的癌症支援小組。

頭四個禮拜，蓮娜在小組裏默默地坐著，聚會一結束便離開，沒有跟其他組員交流。到了第五次聚會，她開始談及自己感到孤單害怕。小組其他人表示認同，鼓勵蓮娜說出自己的經歷。小組那感同身受的反應似乎令蓮娜活潑起來，會後還留下來與人寒喧。隨後的一個星期，蓮娜成為小組裏活躍分子之一，給人支持也接受支持。第七次聚會的主題是確診患癌所引起的靈性問題。當我們正在討論患癌的經驗如何影響了組員心目中的神觀，蓮娜就哭起來。她告訴小組她從教會領受的觀念是：「神是位苛刻、懲治人的家長」；她最終拋棄了這個觀念，但又找不到甚麼去代替。她說：「我在這裏體驗到愛與接納，是我從來沒試過的。神豈不應是那樣的嗎？現在，當我想到神的時候，就想到這小組裏的每一位。我從你們身上感受到神。」她把神看成如同這個她從中感受到深切了解和愛的羣體。我對她的看法表示認同。

在基督教傳統裏面，基督的身體這個比喻含有這個概念：神的實在藉著一個羣體的多個成員表現出來。而猶太人傳統的核心，是與神立約並彼此立約的信仰羣體；這個羣體給人帶來生命和希望。牧養輔導員可以利用「神是羣體」(Community) 這個意象去引領癌症患者，培養一些深入了解的關係，產生自我接納和被神接納的感覺。在癌症支援小組培養的友誼，也可加強參與者塑造希望的能力。支援羣體是儀式體驗的一個形式，以分享經歷和感受為主。[10]由推動小組的牧者所主持的正式儀式，也可以幫助由癌症患者所組成的小組，發掘人生意義和更深的關係(有關這類儀式參附錄一)。

對癌症患者來說，其中一個最有力的希望來源，可能是癌症幸存者的出現及其故事。史坦最近確診患了一種攻勢淩厲的淋巴瘤，他要面對極痛苦的高劑量化療和接著的骨髓移植。史坦以強忍的態度對待療程，他相信要為家人的緣故而表現得「堅強一點」。對史坦來說，「堅強」即是向所有人收起自己的感受。他的家人和朋友看到他的表現，就以為他在處理癌症上沒有甚麼問題，還稱讚他態度積極。到史坦快要開始接受治療的時候，醫生發覺他看來有點憂鬱。史坦承認自己有點兒「情緒低落」，於是醫生建議他參加支援小組。第一次小組聚會，史坦聽到其中一位志願組長的故事；他六年前因治療淋巴瘤接受過骨髓移植。史坦聽了這個故事之後，表示驚訝和喜悅。他對那志願人員說：「我本來不想透露的，我進來的時候其實覺得很沮喪，又驚慌。我不認識患癌症的人，也不曉得會見到甚麼。但是你的故事給我很大的鼓勵。事實上，對我來說，你就是活生生的、會行走的、會呼吸的希望！」小組裏另外一個長期癌症幸存者回應說：「我從支援小組裏其他幸存者身上所得到的希望，一直是我的拯救！我知道這些小組一直都是我感情上的拯救，我相信小組在某程度上促進了我的身體健康。」

牧養輔導員幫助癌症患者進行個別或小組的交流，從而參與了他們在人際關係上從疏離轉為逐漸真誠的過程。患者們在癌症支援小組裏，或在與另一位癌症患者的個別交往之中，很多時會比之前更直率更坦白地說出自己的人生故事。這種直率的溝通方式還會擴展到其他關係上。正如有位男士在支援小組裏所說：「我不想再浪費時間要給人好印像，或者擔心他們會怎樣看我。現在我要做我自己，說出我的真正感受，如果他們不喜歡，那就太可惜了。」很多患者因體會過支援小組裏，坦誠溝通所帶來的那種釋放，就在其他關係上也培養出更大程度的真誠。有位女士談到她新發掘到的勇氣：「這個小組令我有更大勇氣表達自己的需要和感受。以前說到自己的需要，我都不大敢堅持，但是現在，我就只會說：『就是這樣子，我的意思就是要這樣子。』」

透過與其他患癌者建立真誠關係，很多患者在其餘的關係上都變得愈來愈親密無間。蓮娜在支援小組裏面培養到互助互惠的健康友誼；漸漸地她也能將這個經驗擴展到她與家人朋友的關係上。另一位女士因為患癌的經驗，以及她在癌症支援小組的經驗，結果與丈夫培養出一種互相尊重的關係來。她說：「我跟丈夫的關係變得比以前平等。以前差不多所有的家務都是我做的，他也由得我做。我告訴他，我一向做的所有家務和帳務，現在做不來了。他學會了一些新技能，現在我們分擔的家務也較平均。」愈是互相尊重的關係，就愈有機會變得更親密。

在一份調查研究中，有六成半癌症患者的配偶表示，自從確診患癌之後，婚姻關係變得更親密。癌症患者和配偶們都說，人際關係是生活品質的最重要元素。[11]親密恩愛的關係具有強大的治療潛能。杜西堅稱愛「能減輕傷痛和苦楚，有時還創造條件，促使身體好起來甚或康復過來。」不過他繼而描繪恩愛關係一個更大的益處：「愛把孤立的假面具揭開。愛讓人得以經驗一種集體的、一致的意識，藉此把個體吸納其中(而不是抹殺了個體)……愛顯露我們隱藏的身分，因它指出：從某種意義說，我們是無限而永恆不朽的、合一的。」[12]

我們從最親密的關係裏面，稍微領會那位終極實在者是一位與我們建立關係的存有。正因為這個原因，經常隨著癌症而來的一些親密關係的破裂，才會令人心驚膽顫。當患者為著癌症所導致的社會性影響而掙扎時，他們所走的一段艱辛路途是滿佈危險和機遇的。他們有時感到，自己被羞愧和害怕遭人拒絕的恐懼感所淹蓋了。他們又經常覺得，和他們最親近的人否定他們的感受，或者根本不能了解他們。如果他們在家庭中所擔當的角色有所改變，這又會令他們懷疑自己到底歸屬何處；疏離感會引他們去到絕望之境。牧養輔導員擁有一個神聖的機會與患者同行，從苦惱和孤立的景況，進到真誠親密的關係中。在輔導介入的過程中如運用神聖意象，把神看成是富同理心、甘苦與共的羣體，那就可賦予患者能力去培養出促進健康的人際關係來。假如我們在與患者所建立的牧養關係之中，提議並探討多種有滋潤和醫治作用的聖像，那就會引導他們進入富有動力的、多面的屬靈經驗之中，而這豐富多姿的屬靈經驗，又會擴展到他們與家人和朋友的關係上。牧養輔導員幫助他們將自己的故事與聖經故事及其他癌症患者的故事連接起來，就能幫助他們發現自己的故事中所含的神聖價值，並其中所蘊含的種種治療可能。當這些關係深化、擴展，邁向一種充滿愛的關係的未來時，絕望就被希望代替了。

註釋：

1. Cynthia McGinnis Richards and Edward L. Palmer, "Cancer and Humiliation: The 'Catch 22' of Disease," *Journal of Religion and Health* 30, no. 4 (winter 1991): 333.
2. 參 Glenna Halvorson-Boyd and Lisa K. Hunter, *Dancing in Limbo: Making Sense of Life after Cancer* (San Francisco: Jossey-Bass Publishers, 1995), pp. 121～122。
3. 參 Jennifer Hughes, *Cancer and Emotion* (New York: John Wiley & Sons, 1987), pp. 99～101。
4. 參 Clifford H. Swensen, Steffen Fuller, and Richard Clements, "Stage of Religious Faith and Reactions to Terminal Cancer," *Journal of Psychology and Theology* 21, no. 3 (fall 1993): 244。
5. 參 Barrie R. Cassileth, Edward J. Lusk, Thomas B. Strouse, David S.

Miller, Lorraine Brown, and Patricia A. Cross, "A Psychological Analysis of Cancer Patients and Their Next-of-Kin," *Cancer* 55 (January 1985): 72～76，其中討論一份研究調查，說明病人與家人之間相互的心理反應，結論是：向表現悲痛的病人或家屬給予支持性的輔導介入，對兩方面都有益處。亦參 David K. Wellisch, Deane L. Wolcott, Robert O. Pasnau, Fawzy I. Fawzy, and John Landsverk, "An Evaluation of the Psychosocial Problems of the Homebound Cancer Patient: Relationships of Patient Adjustment to Family Problems," *Journal Of Psychosocial Onocology* 7, no.1/2 (1989): 70～75，其中討論另一份調查研究，指出家庭評估與輔導介入技巧對輔助被留在家中的癌症患者之重要。

6. Andrew D. Lester, *Hope in Pastoral Care and Counseling* (Louisville, Ky.: Westminster John Knox Press, 1995), pp. 98～99.
7. David Spiegel et al., "Effects of Psychosocial Treatment on Survival of Patients with Metastatic Breast Cancer," *Lancet* 2 (Oct. 14, 1989): 888～891; Spiegel, "Can Psychotherapy Prolong Cancer Survival?" *Psychosomatics* 31, no. 4 (fall 1990): 361～365.
8. Lauren K. Ayers, *The Answer Is within You: Psychology, Women's Connections, and Breast Cancer* (New York: Crossroad, 1994), pp. 56, 232.
9. David K. Wellisch, "Beyond the Year 2000: The Future of Groups for Patients with Cancer," *Cancer Practice* 1, no. 3 (September/October 1993): 198.
10. Irene Henderson, "Matters Close to the Heart," in *Through the Eyes of Women: Insights for Pastoral Care,* ed. Jeanne Stevenson Moessner (Minneapolis: Fortress Press, 1996), p. 220.
11. Clifford H. Swensen, Steffen Fuller, and Richard Clements, "Stage of Religious Faith and Reactions to Terminal Cancer," *Journal of Psychology and Theology* 21, no. 3 (fall 1993): 242, 245.
12. Larry Dossey, "What's Love Got to Do with It?" *Alternative Therapies* 2, no. 3 (May 1996): 13～14.

第七課

我現在是誰？
身體形像與性別意識

鏡中倒影
凝視我，瞪著我，
以無有的恐懼
刺透我整個人。
這是誰？我是誰？

我有個不同的形像，
不是對我凝視
禿頭結疤的那一個。
我是照著祂的形像而造，
但祂的形像去了何方？

那倒影一直看著我，
不離不棄，我哭它也哭。
會不會是：這反照的形像
也反映了我——
那怕是不完美的我？

癌症及其治療帶來身體的轉變，這自然引起身分的問題。身心靈既是合而為一，身體上的轉變也就影響整個人了。癌症可以對人的身體造成極大破壞。治療過程可能嚴重改變一個人的外貌和性功能。體重升降不定、毛髮脫落、性欲減退，都是化療常見的副作用，儘管通常都只是短暫的。皮膚顏色和肌理的轉變是放射治療常見的副作用。骨髓移植後若產生排斥現象，全身就會出紅疹。損毀外形的手術經常影響到身體形像，因為關係到性別。切除卵巢、子宮、乳房、或睪丸，都可能影響一個人的性別身分和性功能。癌症療程可能影響生殖系統，導致不育。結腸癌往往需要做結腸造口術，會對身體外形和性別身分造成惡劣影響。除了那些可能伴同治療而來的無數轉變之外，癌症本身也許會導致體重銳減、腫脹、皮膚變色、不育及其他在身體上的改變。有位四十歲的女士因白血病接受激烈的治療，她感歎說：「當我望著鏡子，再也看不見自己了。」

與癌症及治療程序同來的身體轉變考驗個人的自尊和身分。要接受變了的身形可以是非常艱難的事。患者因覺得自己的吸引力小了，就會感到自己不那麼可愛，於是害怕在社交上和性行為上被拒絕。他們知道自己的外貌再也不能如自己所望，因此感到痛苦。[1] 要接受外形的轉變作為他們整體自我觀的一部分，這還要花時間和精力。醫治前列腺癌、婦科癌、乳癌、結腸直腸癌的療程，特別威脅到患者的外形和性別意識。

患前列腺癌的男士，不但要應付其他癌症也都會有的失去控制權和刀槍不入的感覺，還要應付可能有的性別特性的損失。這些損失會嚴重威脅性別身分。有位男士慨歎道：「癌症取走了我的男子氣概。」另一位說：「如果不能有性生活，我寧願死去算了。」[2] 前列腺切除術是最常見的前列腺癌療法之一，可能會導致陽萎及小便失禁。這手術之導致陽萎，若不是由於神經直接受損毀，就是因為情感上的創傷妨礙了性欲的刺激。而前列腺癌的其他療法也會引起性功能問題：放射治療有導致永久性陽萎之險；化療及荷爾蒙療法都會降低性欲。凡是患了前列腺癌的男士都很可能會有暫時性或間歇性陽萎，因而為自己在性方面的表現感到焦慮。對一些男士來說，小便失禁對他們的身分則威脅更大。他們會覺得被迫退回嬰孩的階段。這種控制權的失落會恆常地提醒他們，自己正在經驗全面的失控感。我們的文化裏面，男人已被社會模塑成掌管高度控制權的人，極其重視性表現，前列腺癌所導致的損失會帶出質疑他們男子氣概的問題。[3]

睾丸癌通常發生在年輕人身上，同樣對性別造成考驗。這種癌症的療法一般都是手術、化療和放射治療，全都有可能妨礙性功能。手術後，這些男士通常都會覺得性方面的滿足感下降，性交次數也減少了。化療和放射治療很多時會導致更嚴重的性功能問題。化療會損耗男人的精力且降低性欲。醫治睾丸癌的療法也會導致暫時或永久不育。為這緣故，醫生通常都會勸男士在療程展開之前先儲起精子。手術後，有些男士會覺得自己的吸引力小了，於是選擇裝上睾丸狀義肢。一個有關睾丸癌對夫婦性生活之影響的調查研究顯示，夫妻之間對性問題的看法有分歧。丈夫看性功能所存在的長遠問題比妻子看的較嚴重，而妻子反覺得這病令他們更親密。[4]

接受過子宮癌、卵巢癌、子宮頸癌及其他婦科癌症治療的婦女們，會為自己的女性身分苦惱。因為受影響的器官是和性別有關，也是和生育有關的，所以婦女們會覺得，自己的女性氣質受到威脅。有位女士接受子宮切除手術後說：「現在我覺得好像個空殼子一樣。」另一位說她覺得「不再像個真女人」。有些女人害怕婦科手術會損害她們達到性高潮的能力。儘管子宮切除手術不會引起一些妨礙婦女達到性高潮的生理轉變，它卻會導致情感上的改變而降低性欲。為自己的女性氣質感到焦慮、害怕被人拒絕、自尊心降低，都是會削弱性欲的情緒的一些例子。做過外陰切除手術的婦女會有困難達到性高潮，也會因這個手術所導致的外形損毀而覺得苦惱。至於子宮切除手術，雖不會留下看得見的外形損毀，但往往會留下深刻的情感創傷。不管女性是否為著子宮切除手術後失去生育能力而感哀傷，她總會覺得一陣空虛感。有時她會百感交雜，因為最親近的人看不見她的損失，不能明白那對她作為女人的身分有多重要。

醫治乳癌的療法通常會帶來可見的生理改變，影響女性自尊。我們的文化視乳房為女性的性別和美的主要象徵。因此很多婦女在乳房切除手術之後，覺得自己不再有性的吸引力，因而經歷性別身分的危機。[5]有位女士說失去一個乳房令她覺得「不正常、畸形、古怪」。另一位則拒絕手術治療的提議，說：「我寧願完完整整的一個人死掉，也不願缺一個乳房而活著。」任何年紀的婦女都會把乳房切除手術看成是外形損毀，深深影響她的自我觀。乳房切除手術，以及化療和其他醫治乳癌的療法所導致生理上和情感上的改變，都會帶來性欲和性功能方面的轉變。女性在失去一個乳房或兩個乳房之後，自己和伴侶對她的外表的感覺，影響到他們的性關係。乳房重造手術給予很多婦女心理方面的幫助，加強她們的完整感和性的滿足感。[6]一位女士形容這手術是「把她重新併合起來」。雖然重造手術會令做過乳房切除手術的女士的乳房像從前一樣動人，甚或比前更動人，但是她仍會為失去原來的乳房哀傷。不管重造的乳房有多美，都不是她原來的乳房，性感覺也不一樣。醫治結腸癌與／或直腸癌的療法會導致相當明顯的生理改變，影響到身形和自尊。很多人對切除結腸這想法感到噁心，怕這手術比怕癌症還要厲害。一位男士說結腸切除手術令他「一直覺得髒兮兮的」。一位女士表示：「我覺得人人都看得見、嗅得到這個袋子。」有些人覺得羞慚尷尬，於是退出社交活動，他們嫌惡自己的身體，相信別人也會嫌惡和拒絕他們。有些人避開社交場合，因為找地方棄置袋子之類的東西也是個實際問題。由於手術時傷及骨盆神經，或者因為自己和伴侶覺得厭惡和尷尬，患者會在性生活上遇到困難。[7]一位男士表示害怕腹部那個袋子在性交時會滲漏，如此的話，妻子就會覺得他「不潔，不想要他」了。雖然社會上對於討論身體功能的態度已在改進，但是有些人說到自己在結腸切除手術和性別上的掙扎，仍是難以啟齒。因此他們覺得孤單、被孤立，自尊心就進一步受損。

患上任何一種癌症，都可以粉碎人對自己身體的信任、縮減他們享受自己身體的能力。在我們文化中，癌症仍然常常使人聯想到恐怖戰慄、不潔，有時候甚至想到傳染病，以為它會破壞人對自己的皮囊的好感。他們會覺得自己的身體有若要威脅摧毀他們的戰場，而不是給他們帶來歡樂的遊樂場。[8]一位女士道出這些感受：「我被自己的身體出賣了，現在我再也信不過它。有時我恨我的身體，想脫離它。」他們既然將身體與疾病、不適和痛苦拉上關係，就會很難重享健全、歡樂和活潑的感覺了。

因接受某些癌症療法而導致失去生育能力，會對一個人的體形和自尊造成不利影響。手術、化療、放射治療及荷爾蒙療法，都可以令人暫時或永久不育。有些人年幼時因患癌症而接受過治療，但當時沒有人告訴他們那些療法會破壞他們生育下一代的能力——又或者他們當時不明白，到他們得知自己是永久不育時，就會造成極大打擊。即或他們明白治療可能帶來的後果，他們起初最關心的，也只會是自己能否活下去的問題。關乎生死的療程過後，失去繁殖力的現實就會是個勢不可擋的打擊。這損失會在婚姻關係中引起憤怒和怨恨，或在單身者心中生起被人拒絕的恐懼。單身者往往把不育說成是約會異性的一大障礙，因為他們擔心要在甚麼時候和怎樣向對方披露自己的癌症，而且還因此不育。他們會看自己是有生理缺陷的，所以不會受異性歡迎。患者對失去繁殖力有不同程度的哀傷，端視乎他們的人生目標是甚麼，以及生兒育女對他們的身分有多大影響。有位女士這樣形容她的失落感：「我失去了自己的一部分、我未來的一部分。」[9]對很多人來說，不育是身體對他們殘酷的雙重背叛；不但體內的癌細胞令他們命懸一線，他們的身體更拒絕合作，讓他們的生命藉著兒女延續到未來。癌症及其療法導致很多身體上的轉變和隨之而來的失落感。這些轉變的程度和永久性，以及身體外觀對個人身分之重要，都影響到患者的反應。牧養輔導員務必要檢視該病症對個別患者的身體外觀和自尊的影響。

唐妮雅是個二十來歲的已婚女子，她為治療卵巢癌接受子宮切除術之前幾個星期來尋求輔導。第一次會談時，她說出自己的經歷。她父親酗酒成性，一直對她母親和她兩個哥哥施加肉體和感情的虐待。唐妮雅曾遭父親和其中一名兄長性侵犯。唐妮雅八歲那年，父親離家而去。她母親要為口奔馳，和她感情疏遠。唐妮雅從沒告訴母親自己遭性侵犯的事件。唐妮雅讀中學時，開始有性行為。她以為性是最有效的方法，讓她得到自己渴望的溫情和接納。母親帶著唐妮雅和哥哥們參加一間保守的基督教教會，在那裏她才認識性濫交是罪。青少年期間，她在極大的張力之中掙扎，一方面渴望得到溫情，一方面又害怕自己的性行為會遭受懲罰。如今到二十多歲，她正在改變生活方式。她完成了大學課程，這令她對自己甚感愜意；如今她以教育為業，並在教會中擔領導之責，頗感滿足。她結婚兩年，並形容婚姻生活「還好」。然而，她在結束時告訴我，她相信癌症是自己一手造成的，是對她「過去的罪」的「懲罰」。我們第二次會談時，唐妮雅表示為失去「正常」的人生感到哀傷。她細想這個問題：「甚麼是正常的人生？」她覺得自己的人生總是充滿障礙，而她已厭倦這種生活。她是那麼努力為自己創造一種不一樣的人生。為了紓解她的哀傷，我嘗試幫助她了解自己對昔日的損失所存的憤怒，以及現在確診患了癌症所要面對的損失。我提出她過往的經歷顯示有加害於她的罪。雖然她仍然表示相信自己的癌症是與性濫交有關，但她也開始承認，其他人也有分影響她的生活方式。她把這個錯誤的信息變成了自己的想法：要透過自己身體的性能力才能獲取別人贊同。

到我們第三次會談，離她接受子宮切除術只有幾天，唐妮雅更直接地談到她對手術的恐懼和哀傷。

唐妮雅：這手術叫我怕得要死——也不大是因為手術本身，而是因為手術對我的影響，手術後我會怎樣。

院牧：你對手術後有甚麼展望？

唐妮雅（哭泣）：我再也不知道我將來會是個怎樣的人，我那麼渴望過正常的生活，現在我做不到了。我知道我再不能生孩子了，醫生已經告訴了我，因為她要把我的子宮和卵巢都切除。那是我一個大目標，我想有個正常的家庭，但是現在快要落空了。（哭泣）現在我不曉得我丈夫會對我有甚麼樣的感覺。

院牧：你預期中的損失叫你十分傷心。

唐妮雅（哭泣）：生兒育女對我真的很重要，我知道我可以領養，但那感覺就是不一樣。我想體驗一下從自己的身體生孩子的滋味。

院牧：生孩子是你展望將來的圖畫中一個重要部分。

唐妮雅：要放棄真是難得很。我知道我沒失去一切。我喜愛我的工作，我想我丈夫仍然會愛我的，儘管我不能生孩子。

院牧：你有沒有跟你丈夫談過你的感受呢？

唐妮雅：沒怎麼談過。他從來不大說自己的感受的，我也怕得不敢問他覺得怎樣。他不知道我的過去。可能他也會認為這病是我自己造成的。雖然我的身體不再正常，我也不能生孩子，但是我希望他仍然會愛我。他也真的很想有孩子。

院牧：你希望他愛你，不光是因為你身體生兒育女的能力。唐妮雅，你記得耶穌和那個稱讚祂的教訓的女人的故事嗎？耶穌在一大羣人中間醫治人、教訓人，有個女人大聲向著他說：「懷你胎的和乳養你的有福了！」這女人已經將社會上的偏見完全變成了自己的想法，把女人簡化為子宮和乳房，所以她以為自己在給耶穌和他母親一份崇高的讚美。耶穌拒絕這個婦女的形像，回答說：「是，卻還不如聽上帝之道而遵守的人有福！」(路十一27～28) 耶穌的回答顯示：每個人最重要的是屬靈能力與智力；而我們成為有福的人，是因為我們與神的關係，不是因為我們的生育能力。

唐妮雅：我希望我丈夫會抱這種態度。我常常以為男孩子愛我，主要是為我的身體，以及它能夠為他們做甚麼。可是那故事提醒我，神看我比這更多，而我也要看自己比這更多。

院牧：從你告訴過我的往事，看得出你在生活上已經有很多健康的改變。我希望你會繼續成長、更加全然接受自己、愛自己。

這一次會談示範了如何利用故事，促使患者改變自己對身體外觀和性別的想法。從這次與唐妮雅的會晤，以及在我對其他因患癌而為身體外觀苦惱的人的事奉中，我感受到自己抱持的身心靈合一的神學，其中所存的張力和矛盾。癌症患者的身體滿佈損失和轉變的印記，他們透過身體經驗整個人生；儘管如此，他們卻絕不只是帶病的身體。有時他們會覺得自己不外乎就是醫院裏常聽到那個指著自己而言的標籤，例如「非何傑金淋巴癌症人」，我們做牧者的有責任提醒他們，他們是整全的人。當我們集中注意力在心與靈上面時，就是如履薄冰，避免將心、靈與身體分割。我們承認身體上的損失和轉變與身分有著微妙的關聯，這會幫助我們引導人表達自己的恐懼和哀傷；與此同時，我們相信他們的身體卻不是他們整個人的全部，這讓我們能夠提供希望。當體形因癌症改變之時，聖像也可幫助患者邁向希望和健全。人怎樣看神，就影響了他們在身體遭遇改變和損失之時，怎樣看自己，並對自己有甚麼感覺。如果把神看成是完美而不變的，那會令癌症患者在身體處於多變、生理缺陷日增之時，覺得自己離開神很遠。如果把神看成是與人類一起受苦的，那就可能會給癌症患者帶來安慰。神是位愛人(Lover)和負傷的治療者的意象，更提供了充滿創意的可能。

麥菲格提出「神是愛人」的意象，說明它對醫治所含的重大意義。愛人的意象強調身體的重要，削弱了傳統救贖觀中身體與靈魂之分割。神是愛人，祂積極行動，為所愛之人帶來幸福，以醫治者的身分癒合分裂的身體，並以解放者的身分釋放受壓迫者。麥菲格將愛人的行動比擬耶穌醫治病人和釋放受壓迫者的事工。神是愛人，認同受苦者的傷痛，由此帶來醫治。從來沒有一個愛人，不感受到被傷害的滋味，也沒有一個解放者，不體驗到受壓迫的痛苦。神是愛人這意象中所隱含的那種愛，少不了與所愛之人共度苦難的因素。[10]

查理斯(參第一、二、三課)最初確診患了何傑金病時，還是一名孤家寡人。經過一年化療和放射治療及其後的手術之後，查理斯以為自己痊癒了。在此期間他與一位約會了數年的年輕女子訂婚。幾個月後，得知自己癌症復發。查理斯一邊接受又一年的治療，一邊仍與那位年輕女子在一起，但癌症對他們的關係已造成危害。儘管查理斯已經儲存精子，讓他能夠有他們自己的孩子，並且盡其所能，向未婚妻保證他們會過正常的婚姻生活，但是她的種種恐懼導致她退出這段關係。這次被拒加強了查理斯對癌症所引起的身體改變的感受。他說是度過了一段「憂鬱和厭惡自己」的時期。藥物令他體重增加，更加強了這些感受。當頭髮脱落時，他心想：「天哪，我成了這樣的一個禿頭胖子！」

在這段期間，雖然他的自尊深受身形的改變和別人的排斥所威脅，但是，「神是完全的、無條件的愛」這個意象給他帶來醫治和希望。他説與愛接觸，令他重拾健全的感覺。查理斯從這種愛聯想到耶穌；耶穌也在身體和情感上受過苦。道成肉身、受苦的愛這個意象，幫助查理斯覺得，不管他的外貌怎樣，他都得到了解和愛。

一年之後，查理斯跟另一位年輕女子唐娜訂婚。婚期之前數個月，他和我商談他的一些憂慮。他剛剛得知要接受另一輪化療。他表示有點怕化療會影響他的性功能。他又擔心療程會令他體重增加，脱髮也無可避免。我又想，查理斯是不是怕唐娜會像以前那個未婚妻一樣離他而去。

查理斯：我知道我又會胖起來，不過我現在可真的不大管它了。我肯定一定會掉頭髮。那令我有一點緊張。

我試過跟腫瘤科醫生說，不如等婚禮以後才開始療程，不過他反而大力勸我一定要開始，最少先做幾次。唐娜和我已經拍了結婚照片，可以肯定我在照片裏面頭髮濃密——也不太胖。可能我的頭髮會等到婚禮後才脫落。

院牧：想到要在生命中這樣重要的時刻經驗這些身體轉變，也真難過。唐娜怎麼看這一切呢？

查理斯：對唐娜來說，這都不是問題。我就是知道她愛我不是因為我的外貌。擁有那種自信真是蠻厲害的。她令我深信頭髮跟我是個甚麼人拉不上關係。頭髮好看當然高興，我也喜歡看起來英俊的樣貌，但是那跟我這個人其實關係不大。掉頭髮，胖得衣服穿不下，的確會令我煩惱，不過現在的問題沒有那麼大。我跟唐娜的關係把我的自信提升到一個新水平，因為我從來沒想過像她那麼好的女孩子會真的喜歡我，尤其是在我經歷了這麼多之後。現在我真的覺得自己很不錯。

院牧：聽起來唐娜已成為無條件之愛的意象的化身，就是你向我描述過的那個帶給你醫治的意象。她好像這位神聖的愛人 (Divine Lover)，不管你的外貌怎樣都愛你。她是愛你整個人。雖然她沒患過癌症，但是她可能經歷過一些改變和損失，那幫助她與你認同。

查理斯：你說得對。她明白我，不管如何也完全接納我，所以我知道她是不會離開我的。

在查理斯期待婚禮來臨之時，愛人的意象幫助他減少焦慮。他深深相信，他從唐娜身上體會到的愛和了解，就好像他從神聖愛人那兒感受到的一樣。如今他很有信心，不管癌症療法會令他身體出現怎樣的改變，唐娜也不會離開他的。婚禮如期舉行。如查理斯所害怕的，他的頭髮在婚禮前就脫落了。他後來告訴我說：「我光著頭結婚！不過那其實沒有甚麼大不了。」盧雲以「負傷的治療者」作為世間傳道人的楷模，我們由此引出「神聖的負傷治療者」(Divine Wounded Healer)的意象，這對那些因癌症而遭受身體明顯改變的人來說，是個賦予安慰和能力的意象。盧雲說，當作為人類的我們領悟到「我們不必逃避痛苦，反而可促使痛苦成為對生命的共同追尋，那麼這些痛苦就會由絕望的表現化成盼望的記號。」[11](編按：引自《負傷的治療者》，參導言)神不逃避痛苦，而是與我們一起受傷害；這意象令神的臨在和權能更接近我們。這個受傷醫治者的意象與麥菲格所提出的「神是愛人」的意象相似，後者是與所愛之人共度苦難。如果癌症患者有過痛苦的戀愛經驗，便會覺得受傷醫治者的意象比愛人的意象更為可行。

再者，受傷的醫治者除了可使人聯想到人物的意象外，也可喚起非人物的意象。愈來愈多癌症患者問，他們的病是否有可能是環境造成的。他們懷疑空氣和食水污染是致癌的誘因。雖然這些問題目前還沒有簡單明確的答案，但它們帶出了一個可能：想像那受傷的醫治者是大地。福克斯(Matthew Fox)把復活節的奧祕重新修訂為大地之母(Mother Earth)被釘十字架、垂死其上，但是當人類與大地重新結連時，大地之母復活過來，還帶著新的醫治能力。福克斯聲稱這個新的象徵——耶穌是被釘十字架而復活過來的大地之母——有能力促使我們察覺到大地的生機和我們自己最好的一面。大地之母受了傷，正在哭泣，但是若我們重新與大地之母建立神聖的關係，她就有機會祝福與醫治我們。[12]克萊貝(Howard Clinebell)的著作同樣説到大地嚴重受傷了，但它又提供了充滿希望的醫治可能。他提出一個稱為「生態療法」(ecotherapy)的治療模式，涉及的是個互惠過程，在我們醫治大地父母親(Mother-Father Earth)之時，自己也得著醫治。生態療法包括有關大自然醫治能力的故事，鼓勵人通過大自然，並通過運用一些有關大地的禮儀(earth rituals)，尋找滋潤，從而減輕壓力，癒合哀傷。我們聆聽受傷的大地痛苦吶喊，既有助於自己的康復，又可以幫助大地得醫治。[13]

凱瑟琳為治療子宮頸癌，接受了一次徹底的切除子宮手術，一年之後她前來尋求牧靈輔導。過去一年，她的精力都花在看醫生、各樣檢查、手術及放射治療上面。一如癌症患者的常有經驗，凱瑟琳也是等到所有療程完結之後，才開始為她所失去的哀傷。凱瑟琳是個單身女子，最近才度過三十歲生辰，她向我說到自己的未來展望時，已近乎絕望。

凱瑟琳：現在我恐怕永遠也不會結婚了。想到約會時要提到我的癌症和手術，實在太可怕了。我現在真的想像不到進入一段戀愛時我會怎麼樣。第一，我要想法子告訴他我患過癌症。那可能已經足以把他嚇跑了。然後我就要告訴他我不能生孩子。現在對我不利的因素太多了。我一直夢想有個家——有丈夫有兒女。我不得不放棄那個夢想了。(哭泣)如今我身體的感覺是殘缺不堪。

院牧：你正在為很多損失哀傷。

凱瑟琳：我其實很想談戀愛。但是跟我一起的是誰，他總沒有和我一起經歷過這一切，那麼他怎可能真的明白我呢？但是我還是得繼續生活下去。我厭倦了癌症，厭倦了由癌症來支配我的生活，所以我一定要出去找個甚麼人，不管他明白不明白我。那可能也不是我想要的，不過我的生命除了癌症以外，一定還要有其他東西。

院牧：凱瑟琳，我相信如果你先讓自己哀悼已經失去的東西，你就有更大的希望建立一段有意義的關係。

凱瑟琳(哭泣)：我知道你說得對。但是我好像做不到。要停下來想這件事情，實在太痛苦了。

院牧：有一次，我遇到一件十分痛苦的損失，我嘗試做你現在所做的事——避免想它，希望它就此消失。但是，當然，它沒有消失。最後，有一天，我心裏感到非常沉重，差點兒透不過氣來，我決定到樹林去慢慢兒散步。那時剛是秋天，樹上滿了金黃火紅的顏色。一直以來，樹木都帶給我平和潤澤的感覺，現在我才體會到那是因為我在路易斯安那州長大，生活在松樹、橡樹和木蘭樹之間。那天，我邊走邊哭，倒出自己的哀傷，卻聽見潺潺的溪水聲。走近一點，我看見水面浮著一層暗褐色的薄膜，小溪裏還有碎紙和其他廢物。我坐到溪水旁邊，任自己啜泣。不曉得甚麼緣故，我覺得小溪也受過傷，它明白我的哀傷，在跟我一起哭。連續好多個星期，我都回到那處散步，讓樹木和小溪在我處理自己的哀傷期間給我帶來醫治。我想或許你可以到大自然去找個地方，讓自己處理哀痛之時得到潤澤和安慰。有時候，我透過大自然想像創造主是位負傷的治療者。

凱瑟琳：你的經歷叫我想起，自己也曾到過山上去紓解壓力和痛苦的回憶。或許那是因為我在科羅拉多州長大的緣故。我想我需要回去歇一會兒，不然的話，也需要在這附近找個可以發泄感受的地方。

凱瑟琳決定給自己兩星期的假期，回科羅拉多去。到她回來之後再來見我的時候，看起來已恢復精神，談到未來，也比從前更有希望。她仍然為失去生理的生育能力而感哀傷，但同時她也談到看見自己將來會以其他方式生育。就如科羅拉多州她家附近的羣山，不管環境污染多嚴重，依然巍然聳立，透過其美態給人帶來醫治，或許她的痛苦也可以發揮醫治能力。她已開始將自己的感受寫出來，希望會出版成書，並到各個單位去講述自己的患癌經歷。她表示對於尋找一份有意義的關係和組織家庭抱著更大希望，考慮會領養孩子。

美德拉是個四十五歲的已婚婦人，她決定接受乳房切除手術後不做重造手術。她為乳癌接受了一年治療，包括高劑量化療、手術連放射治療，之後她就不想對自己的身體再做些甚麼。美德拉美貌動人，打扮永遠一絲不苟，說自己是個完美主義者。她表示覺得自己的身體在一連串療程中受盡虐待。她說失去乳房對她身體形像影響不是「那麼大」，也沒有改變她與丈夫的關係。她丈夫關心的主要是她能幸免於死，樂意見到乳房被切去，因為有癌細胞在裏面。然而，脫髮卻對她的自尊心造成一些考驗。她覺得曾幾何時，她那一頭濃密的金棕色頭髮是自己最好看的特點之一。但在外形上最令她苦惱的卻是她的體態。有一天，她在購物商場踱步，瞥見櫥窗反映的身影。她表示不敢相信所見到的：「那就是我，走得像個老太婆。我不能相信！我不曉得那是從哪兒跑出來的，到現在仍叫我害怕。我奇怪為甚麼我走路時腰彎得那麼厲害，然後我想可能是我要保護我的胸，因為它仍然一觸即痛，或者我也覺得很不自然。」

美德拉繼續來接受輔導，處理很多有關哀傷的問題，她仍然為身體上的轉變表示擔憂。她正努力改善體態，但又懷疑自己的身體到底會不會回復從前一樣。我嘗試協助她不去理會身體上的改變，轉而培養整個人的健全感覺；期間我想起曾經在支援小組介紹畫家克萊茵所繪畫的神的形像，並傳閱過一些畫作，我記得美德拉有過積極的反應。於是我請她再看一次這些畫作，看看其中可有一幅對她當時所經歷的痛苦有所啟迪。她看了幾張，然後注意到一張以《撕裂的女人》

為題的畫。這幅圖畫裏面有個身裁高大的女子，臉容堅定地向前行；背景則是地球。有一道鴻溝在女人和地球的正中劃過。美德拉將畫反過來，讀克萊茵所寫的註解：「畫中人所體現的不但是自己的創傷，也是所有女人、兒童和男人的創傷——地球本身的創傷。那個被撕裂的女人沒有被痛苦壓縮，頭抬得高高的，堅定地向前大步走，帶著希望走進光裏。」[14]美德拉又將畫反過來，凝視著那個形像。她說：「我就像這個女人一樣，雖然我的身體帶著這個永遠存在的創傷，但是我會像她一樣堅強堅定。她不是完美無瑕，但是她能夠挺胸昂首，我也能。」

美德拉漸漸痊癒，我提議她到一處她覺得美麗安慰的地方漫步。她告訴我有一次散步時見到一棵壯麗的樹，令她想起《撕裂的女人》。那棵樹雖然正中間有一條裂縫，由上而下，但是它仍然長得高大筆直。美德拉告訴我，她相信這棵樹是神給她的另一個信息，就是儘管她的身體有不完美的地方，她仍可以是強壯整全的。她向我說：「假如那撕裂的女人和那大樹是神的反映，那麼神一定也有創傷。那我又為甚麼以為自己一定要完美無瑕才能挺胸昂首呢？」

癌症遺下很多肉體創傷，影響整個人的身、心、靈。肉體遭毀形損傷，令人不禁懷疑自己作為一個人的身分和價值。很多人塑造希望的能力因身分危機而受到挑戰，他們在經歷種種轉變後，現已無法理解自己是誰，便覺得自己的未來夢想將永不會實現。牧養輔導員有這麼一個機會參與希望的重建，聆聽他們因身體改變而有的痛苦和哀傷的故事，是重建過程的第一步；而將他們的故事與其他神聖故事，包括我們自己受創的故事相連起來，就更可進一步恢復他們的自我形像，叫他們相信：無論失去了甚麼，自己仍是整全的人。這個邁向整全的進程繼續，由牧者以輔導介入的方法，邀請患者想像一位受傷的神。「神聖愛人」的意象給人帶來安慰和醫治；這神聖愛人與他們一起受苦，所以明白他們的一切掙扎。受傷的醫治者這個意象，不管所設想的醫治者是人物還是地球，總會令癌症患者覺得神的臨在很近；這意象給予他們能力邁向施出並接受治療的互惠過程。這樣，他們相信自己即使不完全，也是有神的形像的；這信念激勵他們，帶著希望與能力走進未來。

註釋：

1. Judi Johnson and Linda Klein, *I Can Cope* (Minneapolis: DCI Publishing, 1988), pp. 120～136.
2. Michael E. Cavanagh, "Ministering to Cancer Patients," *Journal of Religion and Health* 33, no. 3 (fall 1994): 234.
3. 參 Barbara Rubin Wainrib and Sandra Haber, with Jack Maguire, *Prostate Cancer: A Guide for Women and the Men They Love* (New York: Doubleday, 1996), pp. 219～241。
4. Ellen R. Gritz, David K. Wellisch, He-Jing Wang, Jessie Siau, John A. Landsverk, and Malcolm D. Cosgrove, "Long-Term Effects of Testicular Cancer on Sexual Functioning in Married Couples," *Cancer* 4, no. 7 (October 1989): 1563～1567.
5. Johnson and Klein, *I Can Cope,* pp. 121～123.
6. Wendy S. Schain, David K. Wellisch, Robert O. Pasnau, and John Landsverk, "The Sooner the Better: A Study of Psychological Factors in Women Undergoing Immediate versus Delayed Breast Reconstruction," *American Journal of Psychiatry* 142, no. 1 (January 1985): 45～46.

7. Jennifer Hughes, *Cancer and Emotion* (New York: John Wiley & Sons, 1987), p. 56.
8. Wainrib and Haber, *Prostate Cancer,* pp. 241～242.
9. 參 Susan Nessim and Judith Ellis, *Cancervive: The Challenge of Life after Cancer* (Boston: Houghton Mifflin Co., 1991), pp. 220～248。
10. Sallie McFague, *Models of God: Theology for an Ecological, Nuclear Age* (Philadelphia: Fortress Press, 1987), pp. 140～147.
11. Henri J. M. Nouwen, *The Wounded Healer: Ministry in Contemporary Society* (New York: Doubleday, 1972), p. 95.
12. Matthew Fox, *The Coming of the Cosmic Christ* (San Francisco: Harper & Row, 1988), pp. 3, 144～151.
13. 參 Howard Clinebell, *Ecotherapy: Healing Ourselves, Healing the Earth* (New York: Haworth Press, 1996), pp. 1～15, 188～232。
14. Doris Klein, "The Torn Woman"; 參第二章，註 12。

第八課

我該選用甚麼療法？倫理抉擇

我在迷宮中行走，
沒有指南針，
急步前行，俯視一條路，
然後另一條；無論我轉到哪個方向，
都發覺一條又一條的路。
我可以多選一條路嗎？

選錯了路，並不
只意味成功或後悔，
而是生或死。
於是我瘋狂地環視四周
每一個方向，大叫：
「求求你，可有甚麼人可告訴我，該怎樣走？」

選擇走正確的路，那可能要求
過於我一切所擁有。
選擇的時間快要告終，
我無力地站在迷宮裏，
眼觀四方，一面祈求
屬天的智者領我走。

電視演員畢茲比（Bill Bixby）曾與前列腺癌有過一番激烈搏鬥。除了要忍受手術、化療及試驗性的荷爾蒙療法和種種副作用以外，還要為事業和人際關係的個人抉擇大傷腦筋。記者問畢茲比，在這場磨難之中最大的考驗是甚麼，他回答說：「毫無疑問，一定是嘗試去決定要為治療癌症做些甚麼。這個病不但叫人惱火，也叫人摸不著頭腦。每個個案都是獨特的，你得到的資料和意見很多都互相矛盾，多得令人不知怎好。」[1]

在芸芸療法中為任何一種癌症作取捨，都是一大考驗。當醫生們對各類療法的功效持有不同見解時，這任務就特別駭人。在支援小組裏，不同癌症患者很多時都說，他們與外科醫生和腫瘤學家討論可選擇的療法時感到很困惑；在得知自己患癌的診斷後不久，就要試圖理解各種療法的利弊與風險的資料，實在叫人吃驚。有位男士說出了當他努力聆聽醫生提出各種選擇時的矛盾心境：「在某個程度上，我只想醫生直截了當告訴我該做甚麼就是了。那可會容易得多。但是同時間，我又想保留一點控制權，所以我知道我要盡力收集資料，做一個負責任的選擇。」

近年醫學界有關治療前列腺癌的爭論，令確診患此病的男士面對一個更為兩難的倫理抉擇。這些男士和家人要權衡手術、放射治療、化療和荷爾蒙療法的利弊與風險。雖然激進的療法會增加一些人的生存機會，但患者卻要承擔風險，那可能會導致失去性功能及控制膀胱的能力。而保持觀察的做法(即不作任何治療)儘管惹人爭議，但仍有很高百分比的美國醫生承認，這對大多數年過七十、患早期前列腺癌的男人是一個可行的選擇。至於保持觀察是否七十歲以下的男人的穩健選擇，則惹起大得多的爭論。美國與另外幾個國家已展開大規模的臨牀實驗，以確定保持觀察還是動手術才是七十歲以下男人的較佳選擇。[2]其間，患前列腺癌的男人和他們的家人常常覺得自己正在玩一個猜謎遊戲，賭注極高。有位六十多歲的男士，在做完手術和放射治療約一年之後，獲悉前列腺癌擴散到骨骼。但手術已導致他失禁陽萎。他歎喟：「如果可以從頭再來，我就不會動手術。我放棄了那麼多，竟都是白費心血。」

確診患了乳癌的人也會發覺，各種療法選擇多得叫人不知所措。有位女士告訴我，她確診患乳癌時所體驗的一切可怕感覺中，最難過的就是為決定治療的問題而焦躁不堪。四名醫生給她的意見彼此矛盾，更增加了她的焦慮。她覺得不但要考慮哪個療法的痊癒機會最大，還要考慮哪個療法能提供最佳的生活素質。她想知道自己對乳房保留手術〔譯按：即將乳房內的腫瘤及旁邊部分組織切去，保留大部分乳房〕的心理反應會否比對乳房切除術的反應好些。[3]有醫生說乳房保留手術和乳房切除手術的康復機會都是一樣的；即使她接受這個醫生的意見，她也要考慮是否值得為保留乳房而忍受乳房保留手術所必須經歷的六個星期放射治療。她利用互聯網搜集其他曾經此苦的婦女的意見，幫助自己作決定。

癌症患者可以選擇的療法不斷增加。除了傳統的手術治療、放射治療、化學治療和荷爾蒙療法以外，某些癌症也可以採用實驗性療法。另外，很多人也考慮各種多不勝數的另類療法及輔助療法。癌症確診之後的年月中，很多人都要一再面對療法的取捨問題。是否選得其法會影響生存機會和／或生活素質，很多生死存亡都在於患者為治療所作的決定的素質。癌症患者明白風險很大，所以當他們要在芸芸療法中作取捨時，心情就極其矛盾。[4]

患者在芸芸療法中作取捨時，必須權衡治癒機會與不良副作用兩方面的考慮。有位中年男士為治療淋巴瘤接受了大量化療及骨髓移植，卻在一年後復發。他為了應否選擇再做一次骨髓移植而大傷腦筋，因為那手術既不能保證他會活得長久，又會降低生活素質。他懷疑是否值得為了賺取些微機會多活一點時間，而要再次忍受激烈療法所引起的副作用之苦。而且他知道，即使該次治療或會根除癌細胞，他也有機會死於治療所帶來的副作用。

當癌症對一般治療沒有反應時，很多患者會考慮實驗性療法。他們試過所有傳統療法都徒勞無功之後，就會四出找尋研究新療法的醫生。如果他們得知生物療法（biological therapy）有令人雀躍的新研究，比如免疫療法（immunotherapy）和基因療法（gene therapy），治癒的希望就會重燃起來。將來，免疫療法或許能治好癌症，或者最少改變它的性質，把它從一種逐步惡化、可致命的病轉為終身長期受控制的病。[5]基因療法有潛質成為比傳統療法更有效、更少毒性的治療。[6]不過這些療法還是處於臨牀實驗的不同階段，當患者選擇參與這些實驗時，並沒有得到保證，他們生活的質或量會有所提升。如果他們因為身體狀況或個人特徵不符合實驗的設計而不獲取錄，就會大為失望。那些被錄取參與臨牀實驗的人，對這些療法所抱的希望通常會較醫生和科學家們更大；有些處於研究階段的新興療法，幾乎沒有提供有關成效或副作用的數據。不少接受這類治療的人表現了人類在一切困難之中抱存希望的能力，他們從實驗性療法所得的希望，又會有助於擴展他們生活的質與量。他們還表示有一種滿足感，因為知道，參與研究工作會有助於科學進步，並會因此幫助到將來的人。

癌症患者尋求另類療法有以下種種原因：他們在傳統療法或實驗性療法中再沒有選擇；他們信不過傳統療法或實驗性療法；另類療法看來益處較大，副作用較少；他們想要擁有對生命的控制權，比傳統醫學所能提供的更直接；他們想在接受傳統療法之餘，也用這些療法，好覺得自己已盡力而為。選擇另類療法的患者通常都是學識豐富，其個人責任感反映了他們關注社會、環境及疾病預防。[7]是否選取另類療法或會造成難解的倫理抉擇，因為這些療法甚少是通過科學實驗測試的，而且結果可能所費不菲、全無果效，或甚至危害健康。[8]推介這些療法的人到底是言過其實、趁機圖利，抑或是出於利他的動機，往往是很難分辨的。

很多人不是在傳統療法與另類療法兩者之間選其一，而是兩樣療法都要。輔助療法，包括在傳統療法之外採用營養及心理社會治療，已逐漸成為研究重點。

這類研究的目的，是要左右生活素質的改進，以及延長的生存率。在此期間，癌症患者在試圖探討所有可能的治療法，並檢視它們聲言所能達到的功效時，每每感到不知所措；加上家人朋友們紛紛把讀到或聽過的療法輾轉相告，就令他們壓力更大了。

癌症患者可能覺得被困迷宮，手上缺少了一枚能指示他們踏上正路的指南針。牧養輔導員可以扮演一個重要角色，幫助患者發現人裏面那枚指南針。一項重要的輔導介入，是幫助患者澄清那些影響人作出倫理抉擇的神學觀、哲學觀、文化觀及個人的價值觀。在癌症患者的價值觀與其家人或醫護人員的價值觀有衝突時，院牧和牧養輔導員可以作為促進雙方坦誠溝通的橋梁，在中間協調。[9]在這些價值觀的考慮下，患者在治療所須的代價與所得效益的問題之間掙扎。能延長生命嗎？要是能的話，能延長多久呢？會減少痛苦還是增加痛苦？治療會提高還是降低生活素質？接受治療者的親友會受到甚麼樣的影響？

在牧養輔導員幫助癌症患者作抉擇的整個過程中，神學倫理的豐厚傳統可以與醫學倫理結合一起大派用場。希伯來聖經與基督教聖經所展示的道德觀是以盟約關係的模式為基礎(這約是人類與一個更高權力之間的神聖聯繫或關係)，這種道德觀成為動力和指引，叫人為別人的好處著想並管理一切生命。[10]一種主張神對受造物的愛是包涵一切、不帶條件的神學，所衍生的道德觀就以一切生命的價值和尊嚴為本。這種道德觀要求在所有關係和事業上有公義，因此，我們在作出倫理抉擇時，在考慮個人利益之餘，也要顧及社羣的利益。當癌症患者與牧養輔導員一起為複雜的倫理抉擇尋求解決方法時，「神是包涵一切的愛」(inclusive love) 和「公義」(justice) 這個意象，能給他們導向。

有關作決定一事，醫學倫理傳統一直以來是依從某些原則的。以病者利益為依歸 (beneficence)，是醫療決定一條最高的倫理原則；它建基於希波克拉底原則 (Hippocratic principle)，指導醫護人員從病者利益出發，根據自己的能力和判斷為病人謀福利。有些人看出這個模式所含的家長式作風，就提出以自主自決 (autonomy) 為醫學倫理的最重要考慮。自主自決的原則——其定義是尊重個人有自己決定的權利——已經流行起來，成為醫療決定的一條指導原則，尤其是在美國境內。有些倫理學家並沒要求專業醫護人員拋棄以病者利益為依歸的傳統立場，但呼籲他們以自主自決的原則去加以平衡。由此可見，影響決定的主要考慮，是病人的福利和尊重病人自主自決的權利。[11] 誠實是另一條重要倫理原則，所要求的是專業醫護人員誠實地解說有關各種治療選擇的資料，讓患者能作出明智的決定。公義的原則也愈來愈受到重視，其定義是公平分配資源。這個公平分配資源的議題使注意力集中於個人利益以外的社羣利益。卡素 (Eric Cassell) 相信，「自主自決本身暗示了一個社會世界」，而近來對自主自決的重視，則使個性中社區的一面顯得模糊，這特別見於純理論的倫理學著作之中。[12] 卡朗 (Judith Caron) 主張，倫理與道德免不了「涉及個人與整個羣體之間的張力；自上古時代，人類已懂得只有聯合起來羣策羣力方能滿足基本生存需要。」[13]

自從社會上出現了有管理的保健醫療（Managed Health Care）〔譯按：在美國費用受控制的醫療服務計劃，每一次的診斷費和醫療費都由保險公司分別支付，而不是無限額地最後總結賬。〕之後，診療決定所牽涉的人就愈來愈多，這也就增加了個人與社羣之間的張力。曾幾何時一度只需專業醫護人員和病人傷腦筋的倫理問題，現在已擴大到包括那些經營醫療保健的團體，例如保健公司（Health Maintenance Organizations，簡稱HMOs）及優質醫療服務公司（Preferred Provider Organizations，簡稱PPOs）。因美國醫療制度千瘡百孔，包括成本價格失控及資源分配不公，各類保健醫療便應運而生，但是如果醫療服務公司、保健公司及保險公司的保健醫療對本身的經濟利益較對人類的福祉更感興趣，這類醫療保健就會衍生另外一些問題。倘若保健公司在醫療決定上擁有最高權威的話，其保健服務就會威脅到自主自決和以病者利益為依歸的原則。

除了公平分配有限的資源這個社會道德問題之外，環境保護也是生物醫學倫理一個重要的關注點；生物醫學倫理的神學基礎是：所有受造的都是好的。[14] 牧養輔導員在這種神學道德觀的指導下，提倡在決策過程中的所有有關人士，包括保健醫療公司，都要從個人的最大利益及審慎的資源管理出發，而不是以賺取最大利潤為動機而不給予充分治療。除了提出一些適用於個別個案的原則以外，作為醫療決策的有關人士，亦需要正視制度架構對醫療資源分配的影響。我們必須確保人人都有權享用醫療制度，這制度並以負責任的方式運用地球資源。[15]

維娜是位單身中年女士，被確診患有多發性骨髓瘤。她所屬的保健醫療公司對醫生建議採用的一種療法有一種按人次計算的措施，她因此遇到倫理抉擇的掙扎。她為了應否選擇一種她的保險契約不會支付全部費用的激進療法而大感苦惱。因為起初做的化療沒有令癌症進入緩解，醫生就建議她先接受高劑量化療及放射治療，然後做骨髓移植。醫生解釋這療程是她生存的惟一希望，維娜也理解。她來尋求輔導，我接見她時，她表示為療程的昂貴費用感到焦慮。保險公司只會付住院費，不會支付那為數高達每月一千五百美元的門診藥費。移植手術後康復期間，她要吃這些藥，或許會長達數年之久。

維娜的個人價值觀之中，履行責任是最重要的一點。她已過了近二十年的單身生活，並獨力養大一名女兒。維娜十分珍視自己的獨立性格和承擔經濟責任的能力。身為一位專業醫護人員，她以實事求是的態度去看移植手術的決定，清楚了解其中的可能及限制，她知道骨髓移植並不保證她會活得長久，而且明白所要付出的代價，不單是經濟代價，也包括要受的痛苦。維娜的家人、同事、教會朋友，都不了解她進退兩難的景況。他們毫無疑問地相信她應該選擇激進療法，因為那是她生存的惟一機會。他們企圖説服她選擇接受骨髓移植，説金錢甚至不應在考慮之列。家人和朋友對維娜來説都是十分重要的，她看重他們的意見。

在維娜作決定的過程中，她的神學信念和哲學信念都發生了作用。一方面，她相信「神給了我一個我付不起代價的病」，另一方面她又相信，神期望她為自己的病負責，兩個信念互相矛盾。可是與此同時，她又相信神會以奇跡的方式介入她的生命。她正嘗試尋求神的帶領，指導她為療法作決定。在我們的會談中，我嘗試幫助她理解那些引起內心衝突、互相對抗的價值觀和信念，繼而幫助她在這個決定中看見神的帥領。

維娜：我一直希望、祈求自己不要骨髓移植也可以應付過去。但是現在我愈來愈不濟，我就明白到這是我惟一的機會。我簡直完全不知所措。我花不起這筆費用，又怎可以選擇這個移植呢？你曉得我出院之後的醫藥費，保險公司是不會支付的，但如果我要在移植手術後活下去，就得吃那些藥。人人都打電話給我，告訴我應該做甚麼，可是我就是不知道做甚麼才好。他們說我一定要做移植手術，不要擔心費用，他們會替我籌錢。他們說，發起籌款吧。可是我現在連考慮那事的精力也沒有，我從來也不是個外向的人。*(哭泣)*一切都好像怎麼想也想不通。我一定要考慮到費用。我花不起呀，我也不想將那種負擔加於家人身上。

院牧：維娜，聽起來你家人對你十分重要。你看重他們的意見，你也看重自己經濟上的獨立能力。這兩個價值觀令你心裏有些矛盾。

維娜：你的意思是……？

院牧：你想考慮家人的意願，接受這移植手術，但是你又不想倚賴他們，讓他們幫忙你付門診藥費。

維娜：你說得對。我從來都相信，不應該求媽媽或者弟妹們幫我，即使在我離婚之後要照顧嬰孩的日子，我也是持這樣的信念。我負起自己的責任，而我也做到了。現在我女兒已經二十三歲，但是她沒辦法付我的藥費。我真不曉得怎樣才好。神給了我這個我負擔不起的病。不過我知道神是會幫助我度過的。

院牧：那你相信神給你這個病，而你又負擔不起治療費用，但是同時間，你又相信神一定會用這個或那個方法幫助你？

維娜：這或許好像互相矛盾，不過讓我告訴你整個故事吧。我在確診患癌之前的八個月一直覺得不舒服，我去看醫生，看了一個又一個，他們都診斷錯了。我有背痛和腳痛，痛得多個星期不能上班。我的例假和病假都用光了，到最後確診時，我已經囊空如洗。痛楚愈來愈厲害，我不得不開始接受化療，於是被迫停薪留職。我沒錢付房租或其他費用，但是神看顧我，同事朋友們為我湊了一些錢，還替我向一個慈善基金申請到一些錢，奇迹地，我經濟上也過關了。我相信神帶領我到這地步，祂現在是不會離開我的。

院牧：神過往在經濟上幫助了你，你這個經歷讓你有把握相信，神在將來也會幫助你的。

維娜：我知道神會看顧我。

院牧：那個經歷對你現在掙扎著要作的決定，有沒有給你甚麼指引呢？

維娜：我想我應該接受那移植手術，信得過神會供應金錢。也許我在這事上應該學會的一個功課，就是信靠神更多。

維娜回想她過去的一個神聖故事，從中找到指引，使她能為治療下一個不容易的決定。當她檢視自己對於家庭、自己的經濟獨立能力、自己對神的信心等價值觀，她發現佔優先位置的是把信心放在神裏面。這種信靠使她的未來展望有了希望。後來維娜在接受治療期間對我說：「不管生死，我也對神的愛有信心。我知道神會常常看顧我。」

除了幫助維娜澄清她的價值觀，從而為治療下一個決定以外，牧者的介入還包括了提倡對那造成維娜的倫理掙扎之制度進行內部改革。我把維娜的護士和社會工作者們聯合起來，為保健醫療公司只願付激進治療的住院費，而不肯支付治療成敗所繫的門診藥費這個問題，尋求解決辦法。我得到維娜同意之後，在一個專業醫護人員審視倫理問題及保健醫療的研討大會上，陳述維娜的個案。

自一九六○年代中期以來，國家防癌會(National Cancer Institute，簡稱NCI)愈來愈關注可以防止的死亡問題。國家防癌會鑒定了林林總總一大堆妨礙測出及治療癌症的「社會屏障」。社會經濟因素限制了很多人享用醫療的權利。有些人無力支付醫療費用或者應付日益複雜的專家和醫院體制，因而不必要地死於癌症。[16]有關能否享用醫療的問題，是作倫理決定的重要一環。在公義的倫理原則指導下，我們謀求人人都有享用維持生命的醫療服務的權利，不論其收入或社會地位如何。

翠思十九歲，給男友毆打數次，流血不止，因而進了醫院急症室。翠思有遭人虐待的歷史，所以對男友的虐待行為視作等閒。翠思由祖母帶大，屢受肉體虐待。她母親酗酒，父親濫用藥物，極少為她出頭。有一次父親企圖強姦她，還向她開了一槍。祖父及姑母的男友也曾企圖強姦她。翠思十二歲時有一次試過自殺不遂，十四歲時又有一次。

急症室醫生斷定翠思患了白血病，並著她馬上找腫瘤科醫生作徹底檢驗和治療。翠思沒有工作，也沒有購買保險。她有兩個孩子，分別是兩歲及七個月大。她有兩個姐妹，但跟她們不親近。翠思的後父曾經幫補她和孩子們的生活費，最近卻失業了。她的生活費主要來自男友，但他只有一份工資低微的工作。她沒有去找腫瘤科醫生，因為她無法負擔治療費用，也不曉得可以申請甚麼經濟援助。大概一個月之後，她因發高燒和流血不止再次進了急症室，那時才被收入醫院接受治療。

在翠思住院期間，社工幫她申請公共醫療補助，解決了治療費用的問題。翠思情況穩定之後便出院，給轉介到門診部接受每星期的化療，但她也只是斷斷續續地去接受治療。當護士警告她這種行為十分危險時，她卻對自己的嚴峻處境顯得漠不關心。有些醫護人員認為翠思不按時接受治療會影響療效，繼續向她提供這療程就構成倫理問題。牧者的介入包括了幫助醫院員工明白，翠思的社會經濟及文化背景怎樣塑造了她的行為。當照顧翠思的護理人員對她的同情漸增，她也就開始跟著時間表接受治療了。翠思甚至變得期待去做治療，因為她從某些護士身上體會到的愛和關心，是超過她從前所經驗的。另外一種介入方法，是與社工合作，給予翠思全面輔導，引導她肯定自我價值。因為翠思有受虐待和被父母疏忽照顧的歷史，所以想像神是母親或父親對她不會有幫助，但是翠思比較容易能夠透過神是護士這個意象──即想像祂是一位關心她、事事以她的最大利益為依歸的護士──感受到神的愛和她自己的價值。

不少癌症患者要面對一個問題：當一個療法看似無效時，要不要繼續下去。有些人會接受多個星期的深切治療，只為了有機會延長六至十二個月的壽命，儘管全無康復的希望。但有些患者則因為生活素質的問題及其他考慮而拒絕這類治療。

柯倫斯接受了六個月的大量化療及放射治療後，得知肺癌已擴散到腦部。醫生告訴柯倫斯，他們可以給他另一種為期六個星期的化療，但那不會給他活得長久的機會，最多只能延長生命六個月到一年。因為他的免疫系統經最近的化療已遭損害，這個療程會令他更易感染威脅生命的傳染病。除此以外，還可能會產生副作用，像之前的化療一樣，常常作嘔，口腔嚴重潰瘍。他很可能要在醫院裏度過大部分餘下的時間。

柯倫斯跟我討論他的矛盾：應否選擇這次治療。他妻子和已長大成人的兒女都想他繼續與這病「戰鬥」

到底，凡可做的都做。柯倫斯告訴我他一直都是個「戰士」，但他認為這次治療不會幫助他戰勝癌症，而且他得知自己的保險額已經用盡，妻子想出售他們的房子來支付這次治療的費用，但他認為那樣做是不對的。

柯倫斯：你知道我是個戰士，但是我一定要清楚，我要妻子做的事是對的。她想我跟這癌症搏鬥，可是戰勝的機會幾乎是零，要留下她一個錢都沒有，就是不對了。

院牧：聽起來現在你打的仗是要做得對。

柯倫斯：是呀，這怎可能是對的呢？我妻子要付那麼大的代價，而這個療程只會令我更不舒服，它給我的額外時間極少甚至是零。她說不想金錢成為問題，但是金錢實在是個問題。而且接受這療程似乎是那麼浪費的一回事，因為它很可能幫不到我甚麼，而外面卻有那麼多人或者會從這個療程得到幫助，但他們花不起那樣的錢。我認為神不想我接受這個療程，那始終好像是不負責任的做法。

院牧：你認為神想你對家人和其他人都負責。你想在運用資源上做得對。或許你可以幫助家人了解你的心意，明白你是想做一個好管家。

柯倫斯：我不想他們有任何內疚。我想他們知道，他們已盡力而為，而我也盡力而為。

柯倫斯決定不接受那個他認為是既無效又浪費的療程。他想像自己與神的關係是向祂做個負責任的管家，這有助於他向家人解釋自己的決定，好讓他們能祝福這決定。

癌症患者還要面對的決定是，當他們的病情來到末期、無法逆轉時，他們要不要維生措施。有人選擇預先寫下書面聲明，要求在病入膏肓無可救藥時，不必用人工方法勉強延長生命；但有些人則覺得，要想到那些可能發生的事是太痛苦了。那些選擇非常激進的治療法（比如骨髓移植）的人，往往比較不願簽署限制使用維生措施的聲明。

馬歇爾是個已婚中年男士，他為了醫治白血病，從一名非親屬捐贈者接受了骨髓移植。儘管他有數次機會簽署放棄人工救援的書面聲明，他仍然選擇不簽，因為他想確保能夠採用一切延長生命的辦法。他明言：「我選擇這個激進療法，是因為我選擇生命。」馬歇爾在移植手術後幾個星期開始有呼吸問題，數天之後，不得不送進深切治療部，繫上助吸器。馬歇爾雖然服用藥物紓緩痛楚及令他鬆弛，但他看起來還是緊張焦慮。繫上助吸器一個月之後，馬歇爾的焦慮加劇，變為恐慌發作。到第五個星期末，醫生們決定試試解除助吸器數小時，看馬歇爾是否抵受得住。一個鐘頭之後，很明顯他要戴上助吸器才可活下去。儘管他連說話都乏力，他還是懇求妻子、父母和弟弟不要再繫上助吸器。馬歇爾又告訴我，他相信自己要死了，他不想戴上助吸器。他說他相信神想他死。他問我：「你相信我放棄是錯嗎？」

醫生們告訴馬歇爾家人，他們相信他仍有機會活下去，勸他戴上助吸器。馬歇爾的父母和弟弟不管馬歇爾的懇求，一致同意繫上助吸器，因為他們相信是藥物令他當時不能作出理智的生死決定。他弟弟相信馬歇爾應該戴上助吸器，好讓神能夠行神蹟、醫好他，正如他一向祈求的。馬歇爾妻子對於應否讓他接受維生措施的決定感到非常猶疑，她想馬歇爾得著每一個生存機會，可是她又不忍心漠視他的懇求。我身為牧者的角色，是要促進溝通，界定個人、文化及屬靈的價值觀，從中引導他們作出決定。

馬歇爾的價值觀看重的是事事在掌握之中。他當保險理賠員已有二十年，在這井然有序的工作上成績斐然。對他來說，能夠「理好事情」是很重要的。我提出一個問題：馬歇爾懇求不要戴上助吸器，是不是因為焦慮的影響，因為他對生命各方面，甚至連呼吸，都失去了控制權；或許他覺得，自己只剩下一個選擇，就是拒絕維生治療。他家人仍然相信他的要求是受藥物影響，因為他早在拒絕簽署書面聲明時，已經表明他的「真正意願」。

這個倫理困局還涉及了重要的屬靈課題。馬歇爾隸屬一個保守基督教宗派，非常著重順服神的旨意。他的另一個神學重點是相信人有來生，他堅信自己死後會上天堂。然而馬歇爾向我提出的問題暗示他正在掙扎：拒絕進一步治療會不會是違抗神的旨意。他這個問題也隱含著一個文化信念：「放棄」等於失敗。他從自己所屬的文化吸收了一個信息：戰鬥到底是美德。他家人也給他這個信息，要戰鬥下去，永不放棄。他弟弟的靈恩信仰對這信息起了一定的作用。他相信馬歇爾不應放棄，因為神要施行醫治的神蹟。每一晚，他弟弟都花幾個鐘頭向馬歇爾朗讀聖經的醫治神蹟。其他家庭成員雖不屬靈恩派，但也鼓勵馬歇爾相信神會醫治他。

所有涉及這決定的人坦誠溝通的結果，是一致同意讓馬歇爾戴上助吸器。馬歇爾的呼吸功能漸漸恢復，他的白血病也在一年之內好了。結果證明，馬歇爾家人的看法正確，他的精神狀況受藥物影響，驅使他要求不要繫上助吸器，他作出這要求的時候看起來頭腦清醒，後來竟完全記不起來。過分簡單的做法會是單考慮自主自決的倫理原則，沒經過慎重考慮便依馬歇爾的要求而行。假如是那樣做的話，馬歇爾就會在生命仍有得救的時候死去。對難以分解的倫理處境必須加以小心研究，並需要就複雜的心理社會、文化及屬靈方面的考慮進行坦誠溝通。

癌症患者及所有與他們有關的人經常要面對的一大矛盾，就是要決定正確療法的挑戰。他們在激進的與保守的療法之間掙扎。當傳統療法不見效時，患者就苦苦思量要選擇實驗性療法還是另類療法，抑或兩種療法都要。當他們用了多種療法都不能進入緩解時，這個決定就變得特別困難。

碧琪(參第四課)做了幹細胞移植三個月之後，一連串的化驗結果顯示，她的癌細胞仍然活躍。碧琪和腫瘤科醫生的談話證實了她最怕的事。癌細胞對高劑量化療和移植手術都沒有反應，腫瘤科醫生説她再沒有甚麼可以為碧琪做的了。碧琪求生意欲堅定，開始探討其他選擇。她去看另外幾個腫瘤科醫生，問他們的意見。有一個醫生提議用另一套化療療程，但是他的態度很審慎，沒有承諾這療法會帶來任何益處。碧琪想保留一點控制權，於是探討另類療法及實驗性療法的可能。她來接受輔導時顯得心煩意亂，因為她嘗試要為選擇哪種療法作出正確的決定。

碧琪 *(哭著)*：我覺得那麼孤零零的。做傳統治療時，我覺得有醫生們幫我做決定。現在當我試著要看另類療法和實驗性療法的時候，就覺得甚麼都得靠自己。這真是很困難，因為我知道這是個關乎生死的決定。而且我也要考慮到我跟棠 *(她丈夫)* 的生活素質。為了治療所可能帶來的些微機會而花光我們所有的經濟資源，值得嗎？ *(哭得更淒涼)* 我是不是應該將一切都交託給神，不要再擔負那麼多責任呢？或許我一直都是太過喜歡控制一切，對神信任不夠。我聽講道說「放手，讓神來做」，但是有些東西阻止我那樣做。我負起決定治療法的責任，是不是就表示我不信靠神呢？

院牧：也許可以是二者共存，而不是非此即彼的。如果你看自己是與神同工，那又會怎樣呢？你做自己那一部分，就像你一直所做的，儘量多認識各種可供選擇的療法，然後信靠智慧的神引導你作出抉擇。

碧琪：我曉得我們談過「神是智慧」(Divine Wisdom) 的意象，我也很喜歡它。雖然我沒有想過與神同工的觀念，但是那或者會有用。

院牧：那個意象一直對我很有意義。你或許會發現其他一些對你有意義的意象。

碧琪：想來還是覺得同工這個概念比較好，這比我以為一切都要自己動手或者全都要交託給神好些。這個星期才發生了一件事，感覺上就像你所說的事情。腫瘤科醫生打電話給我，說我合資格參加一個實驗性療法。一個月前她跟我說，她再沒有甚麼可以為我做的了。我拒絕接受那個說法，開始自己探索一些東西。我找到的資料之中有一個臨牀實驗，聽起來似乎會幫到我。我跟腫瘤科醫生的護士商量，她說我或許合資格，她會把我的血液樣本和病歷紀錄送交該項研究的主管。假如我沒有擔起責任自己搜集有關臨牀試驗的資料，現在我就不會有這個選擇了。不過這仍是個困難的抉擇，因為痊癒機會很微，而且療程會很艱苦，還有，我要花很多錢，每個禮拜飛到研究中心去。就算我多賺了一些時間，我也可能因為副作用的緣故不能享受得來的時間。在我查看這個選擇以及其他另類療法選擇的痛苦過程中，我有一次難以形容的經歷。那時我不是在甚麼別的地方，剛好是在浴室；我感到神的臨在環繞著我，然後，一種深深的信靠感覺充滿了我。就好像我知道：一切都會無礙的，不管我的決定是甚麼。這種感覺維持不久，但是非常有力——力量大得我說不出來。（哭著）我真希望能夠停留在那裏，不過現在我回到現實來，不曉得應該走哪個方向。

院牧：碧琪，你的經歷很動人啊。也許那可以給你一些指引。你差不多在同一時間有兩種經驗，一方面是盡己所能，另一方面是感受到一種深深的信靠。當你現在要為自己的療法作決定，這兩種經驗可以作為你的指導：當你覺得已盡你所能去認識自己的選擇時，那你就信靠智慧的神作你的夥伴，祂會和你一起作出正確的選擇。

翌周我們會談伊始，碧琪告訴我，她想像自己與智慧的神同工，那幫助了她決定加入臨牀實驗，並決定嘗試一種營養治療的輔助療法。她詳細看過臨牀實驗資料，又諮詢了營養專家的意見，然後致電該項研究的主管，詢問另一些問題，包括可否在治療期間靠營養師推介的療法提供養分。當她為這個決定祈禱時，她覺得「被導向這個實驗性療法，而且十分平安。」她告訴我她感到自己「進到一個新的信靠層次」，她不再執迷於治療會否有效，不像做幹細胞移植時那樣，將信心放在治療上。

癌症患者所作的抉擇是出於他們身心靈最深邃的資源。他們知道這些是關乎生死的重要決定，所以設法要做得正確，於是就感到更焦慮。這些決定對他們關係網絡裏面的其他人也產生深遠影響。癌症患者想到各種選擇，會覺得那麼不知所措、慌亂、焦慮，以致絕望，牧養輔導能幫助他們從自己的神聖故事找著一些指南。很多時候，藉著回想他們過去的一個故事，他們弄清楚一個終極價值或信念，那可幫助他們得著慧見和勇氣，解決當下的兩難局面。當他們將自己最深的屬靈信念融入決策之中時，就能夠預見一個充滿希望的未來故事。

在患者探索林林總總的治療選擇之際，牧養輔導員可以邀請他們以各種不同的形像和意象想像神。如果他們能夠看見那位最高實在者有很多個形像，他們也許可以擴闊對面前的決定的想法，那麼他們就不會用一個簡單的「非此即彼」的選擇來限制自己，反而會考慮選取一種「二者兼容」的治療。舉例說，他們會選用另類療法去補充傳統療法。牧養輔導員可以建議一些神聖意象，使人能夠有信心作出艱難的倫理抉擇。以智慧的神為夥伴這個意象，可賦予他們力量去探討所有的選擇並當機立斷，同時這也讓他們知道，與此同時，他們可以信靠一位更有能力者去引導自己，因而感到平安。把神看成是一位關懷所有人、謀求所有人的最大益處的護士，則會激發一種道德觀：讓每一個人都有權享用醫療服務。至於把神看成是「涵蓋一切的愛和公義」的意象，就開拓一個更廣的道德觀：看人與所有被造物相連，人有責任管理萬物；如此遼闊的道德觀激勵牧養輔導員，不但要引導癌症患者作出清晰而有把握的倫理抉擇，也要在醫療體制和社會方面提倡改革，務求讓一切生命體驗健全。

註釋：

1. Barbara Rubin Wainrib and Sandra Haber, with Jack Maguire, *Prostate Cancer: A Guide for Women and the Men They Love* (New York: Doubleday, 1996), pp. 129～130內引述。
2. Wainrib and Haber, *Prostate Cancer,* pp. 146～152.
3. 參 David K. Wellisch, Robin DiMatteo, Melvin Silverstein, John Landsverk, Robert Hoffman, James Waisman, Neal Handel, Ellen Waisman-Smith, and Wendy Schain, "Psychosocial Outcomes of Breast Cancer Therapies:

Lumpectomy versus Mastectomy," *Psychosomatics* 30, no. 4 (fall 1989): 365～373。在這個研究裏面，接受乳房保留手術的病人，比較那些接受切除乳房術及乳房重造手術的病人，以及那些接受切除乳房術但沒有做重造手術的病人，擁有較為完整的身形，並且認為自己對異性具吸引力的感覺也較強。

4. 參 Howard P. Greenwald, *Who Survives Cancer?* (Berkeley: University of California Press, 1992), pp. 37～46。
5. Lloyd J. Old, "Immunotherapy for Cancer," *Scientific American* 275, no. 3 (September 1996): 136～143.
6. Allen Oliff, Jackson B. Gibbs, and Frank McCormick, "New Molecular Targets for Cancer Therapy," *Scientific American* 275, no. 3 (September 1996): 144～149.
7. Barrie R. Cassileth, Edward J. Lusk, Thomas B. Strouse, and Brenda Bodenheimer, "Contemporary Unorthodox Treatments in Cancer Medicine," *Annals of Internal Medicine* 101, no. 1 (1984): 111～112.
8. Jean-Jacques Aulas, "Alternative Cancer Treatments," *Scientific American* 275, no. 3 (September 1996): 162～163.
9. 參 J. Vincent Guss, Jr., "Guidelines Detail the Chaplain's Role in Bioethics Consultation," *Medical Ethics Advisor* 9, no. 5 (May 1993): 61～63。
10. 有關道德觀與價值觀的討論，參 Judith Caron 在 *Christian Ethics: Shaping Values, Vision, Decisions* (Mystic, Conn.: Twenty-Third Publications, 1995), pp. 36～48, 84～93。
11. 有關對以病者利益為依歸及對自主自決的詮釋，參 Glenn C. Graber and David C. Thomasma, *Theory and Practice in Medical Ethics* (New York: Continuum, 1989), pp. 30～35, 59～61。
12. Eric J. Cassell, "Recognizing Suffering," *Hastings Center Report* (May/June 1991): 26.
13. Caron, *Christian Ethics,* pp. 221～222.
14. Caron, *Christian Ethics,* p. 230.
15. 參 Martina Darrah and Pat Milmoe McCarrick, "Managed Health Care: New Ethical Issues for All," *Kennedy Institute of Ethics Journal* 6, no. 2 (June 1996): 189～192; Ezekiel J. Emanuel, "Medical Ethics in the Era of Managed Care: The Need for Institutional Structures Instead of Principles for Individual Cases," *Journal of Clinical Ethics* 6, no. 4 (winter 1995): 335～336; David Orentlicher, "Physician Advocacy for Patients under Managed Care," *Journal of Clinical Ethics* 6, no. 4 (winter 1995):

333～334; Laurie Zoloth-Dorfman and Susan Rubin, "The Patient as Commodity: Managed Care and the Question of Ethics," *Journal of Clinical Ethics* 6, no. 4 (winter 1995): 339～357。

16. Greenwald, *Who Survives Cancer?* pp. 5～19.

第九課

我有多少時間？
希望與醫治的眾多面貌

更多時間、更多時間——
從來都不夠時間，
現在又怎會夠時間
玩味生命與愛與美的一切、
細嗅每一朵花、品嚐每一枚果子？

我在時間中前行——小心翼翼、
匆匆忙忙，因我不曉得還剩下多少，
一面聽見聲音四起：
陌生而遙遠的聲音，
好比來自另一個時空。

我雖身在時間之中，
卻游走於時間以外的領域，
我在陣痛中大喊，
那位屬天的助產士溫柔地握著我手
唱著一首生產之歌。

從患者第一次聽到「癌症」一詞用在自己身上的那刻開始，他們就進入了另一個時間範疇。起初的震驚有一種超時間的不實在的感覺。在他們試圖掌握這可怕的現實之時，時間停頓了。他們慢慢面對診斷的嚴肅事實時，那不久之前還是一片光明的未來展望，如今突然變得模糊狹窄。他們最迫切的問題之一是：「我還剩下多少時日？」很多人在癌症進程之中面對的最重大存在性問題，就是自己必死的事實。不論癌症已到了哪個階段，或醫生怎樣判斷病情預後，他們都要與這個事實共存：他們患了一個威脅生命的病。癌症患者，不管已處於緩解期多久，都要忍受有可能舊病復發的陰影。這個陰影所引起的焦慮，會令塑造希望的進程受到考驗。倘若治療無效，癌症擴散或復發，就會形成時而絕望時而希望的危機。患者往往會以改變希望的焦點來克服危機。牧養輔導員擁有獨特的機遇，藉著幫助癌症患者看見希望與醫治的眾多面貌，引導他們改寫那令人苦惱的未來展望。

剛剛被確診患上癌症時，大多數人都希望自己會痊癒。他們的希望往往集中在醫生和治療上。他們將所有的精力都放在熬過療程、重過未患癌症之前的生活上。有位年輕人說，當他被確診患了何傑金病時，他有十足的理由希望，放射治療和化療會把他治好，因為人人都告訴他，這病是可醫治的。經過數度復發之後，他發覺自己再也不像從前那麼容易期望得到治癒了。也有些人打從一開始便覺得痊癒無望；有一位年輕女士獲悉自己患了乳癌時就是這樣的反應，因為她曾目睹母親死於乳癌，所以她很難相信自己會得以幸免。

倘若癌症顯然對治療沒有反應，患者通常會進入一段時期，在期間檢視及更改對前景的目標和希望。有一名男士得知自己的肺癌對所有治療都沒反應時，就說他的希望「從盼望痊癒縮小為活一段較長的日子」。希望會集中於多些時間去完成某個重要的計劃，或去體驗某件大事。癌症患者漸漸會將焦點從生命的長短轉到生命的素質上去；他們最崇高的目標變成是令每一刻都充滿意義，他們不再渴求回到往日的「正常」情況，也不企盼遙遠的將來會有些甚麼，反而更多活在當下。他們不再訂定長期目標，反而會訂下一些比較小規模的短期目標。他們會放棄先前享受弄孫之樂的目標，而希望只看到兒女中學畢業。有些人把希望集中在一個接一個的短期目標，結果活得比自己或醫生預料的可能更長。有位患了轉移性乳癌的四十來歲女士比醫生所預測的多活了兩年，她以多度過一個特別的時節或活動為目標：與家人共度一個計劃已久的假期、一次又一次聖誕節、中學校友聯歡會等，一直保持著盼望，這樣子活下去。

癌症復發通常會引致患者修改自己的希望，而不是喪失希望。一個調查研究顯示，癌症復發的人所感受的悲痛，其普遍程度與新近確診患癌的人所感受的沒有顯著差異。事實上，有些人覺得應付復發比應付頭一次確診要容易一點。然而，對存在性問題的關注在癌症復發者心中所造成的悲痛，程度就要比最近確診的人為高。據報那些有最明顯的身體症狀和殘疾表現的人，其悲痛程度最高，但他們極少表現無望的感覺。據極其悲痛者的說法，他們所能接觸的支援系統，比悲痛程度稍遜者為少。[1]

隨著癌症的病情發展，患者或會把希望集中於修復一些關係、減輕痛苦、自己所愛之人的福利上。他們可能會從這些過渡性質的希望，進移到一種更深層次的、超然的希望，想到死後的來生。[2]對永生的熱切期望會以不同形式冒現，除了切望透過自己的工作、兒女、服務等衍生持久的感化力之外，也渴望自己死後能有個人的生命，或成為宇宙的一部分。[3]

塑造希望的能力意味著一種意義感、方向感和身分的感覺。疾病和痛苦或會威脅到個人的方向感，不過這個重要的方向(或目的)也可能會在受苦當中培養出希望來。所受之苦通常是來自一種恐懼，害怕個人身分會在將來崩解。[4]期望自己的身分能在一個超越人世的生命裏延續下去，這會帶來有助紓緩痛苦的意義。有一個研究證明，除了尋找意義這個主題以外，還有四個重要主題在病情發展期間影響著塑造希望的能力：依靠內在資源、保持那些支持自己的情誼、活在當下，和預期活下去。內在資源量包括樂觀、自信、自我價值、獨立自決、幽默感。從家人朋友以至專業醫護人員身上汲取力量，是有助訂定和保持希望的策略。活在當下包括了欣賞每一刻，並對日常生活抱一種平常心。預期自己會活下去對希望是十分重要的，這包括了幾點：在療法上有選擇、知道有痊癒的可能、自己正處於緩解期。[5]

有些人不能預期自己活得下去，於是很難找到希望。中年婦人格蘭達確診患了胰腺癌，醫生告訴她「能幸免於死的機會甚微，甚至是沒有機會」，之後她便認為沒有理由存甚麼希望。格蘭達是位專事研究工作的地質學家，過去二十年來將大部分時間和精力奉獻了給自己的事業，她的身分和生命意義主要都是來自工作。我嘗試幫助格蘭達發掘另外一些生活意義，藉此重塑希望。

院牧：格蘭達，你曾告訴我，你的工作令你感到多麼的滿足。聽來你是一位熱中研究的科學家。你可以多告訴我一些工作時候的感受嗎？

格蘭達：我的工作給我的成就感是極好的；但是還有一些難以形容的東西，我不知道有沒有跟你說過我的嗜好——攀石。*(笑)*我想我對石頭真是百看不厭！*(指著病房壁報板上的照片)*那是我和一個好朋友在新墨西哥州攀石的照片。

院牧*(看著照片)*：你看起來神采飛揚，很得心應手的樣子。

格蘭達：我與石頭——與大地——有一種聯繫。攀石，就跟我做地質學的工作一樣，讓我有一種很好的感覺，覺得正在參與一件比自己更偉大的事。但是現在我要把那一切都放棄，不可以再做那些事了，甚麼都沒有了。

院牧：格蘭達，你正在為著失去了那麼多而哀傷。聽起來你好像可以透過研究大自然的工作，找到超越的境界，與一個更高的能力 (Higher Power) 取得某種聯繫。

格蘭達：我想我不會那樣說。我在教會長大，但是很多年前已經不再相信。我的朋友和家人現在都為我祈禱，我不介意他們這樣做，有時我也希望可以擁有那種單純的信心，可是我已經不能夠再有了。

院牧：也許對你來說，你成長的時候對神所存的觀念已經不再足夠。或許可以幫助你的，是想像神是一塊你覺得親切、穩固安全的磐石；又或者，其他一些大自然的意象會給你帶來希望和安慰。

格蘭達 *(帶點兒任性的向我微笑)*：或許，但我好像總是沒有單純的信心。

另外有數次的會面，我嘗試引導格蘭達思想一些神聖故事或意象，要讓她在痛苦的處境下得著點點希望。我希望她會擴展自己所感受到與大地的聯繫，以至與一個比現世更偉大的能力 (Power) 結連。格蘭達一直都沒有找到一個能帶來希望的神聖意象，可讓她看到在受苦和損失以外，還有甚麼別的。我重新構思對我們之間的牧養關係的期望，繼續探訪格蘭達，請她告訴我她攀石的經驗。她說的時候，眼中的神采令我相信，她也曾經歷過數次超凡脱俗的時刻。

有些人得悉自己的癌症是醫不好的，便將希望的焦點從活下去轉為發掘生命的新意義。他們聽到自己只能再活一段短日子的消息，就會被導向自我實現的一個新層次。醫治可以以身體康復的形式，但也可以是以找回已失落的部分自我的形式出現；意思可能是，當一個人變得樂於接受新的價值觀和經驗時，他便會放棄不切實際的幻想。[6]有位男士在自己的骨癌一直惡化的時候說，他終於「甩掉羈絆著他的膚淺價值觀，比如金錢、成就、聲譽；培養人際關係才是要緊，才是永恆。」細想生死問題常常會改變人的生命，而且是不能逆轉的改變。[7]有位男士飽受肝癌折磨，他說自己的病雖然帶來無可忍受的痛楚、依賴和恐懼，但它也是帶來「極大轉化」的工具。他曉得自己在世的日子無多，那完全改變了他的日常生活。他學會在當下活得更充實，並學會看簡單事物裏頭的神聖內涵，那是他從前所忽略的。

正如那位神聖實在者一樣，醫治也是以多種形式、多個面貌出現的，雖然癌症患者自然希望身體得康復，但他們很多時經驗的，卻是另外一些形式的醫治。當一位患卵巢癌的婦人認識到更多有關身、心、靈的聯繫時，就斷言無論她的身體康復與否，「至少，有一種醫治正在進行」。透過資料搜集和默想，她發現了一些自己從來不知道是存在的自我層面。她感到自己好像在生產一個嶄新的自我。宗教教師兼多產作家卡莫狄(John Carmody)在他面對癌症和死亡時的屬靈反思中，描述類似的體驗。卡莫狄奮戰多發性骨髓瘤(multiple myeloma)之時，靈性和創作力都有新的發展。他變得更容易接受神的女性氣質(feminine divine)；他想像神是一位溫柔、可親的愛人，從中得到安慰。卡莫狄覺得有一創作「新靈感」推動他的寫作「上到一條新軌道」。他不再寫那些自己覺得有責任為他人寫的東西，轉而寫一些最吸引自己去寫的東西，如此，他創作的動力從外在轉為內在。卡莫狄從沒有粉飾自己受苦的赤裸真相，他清楚指明這一切長進並非來自被動的接納，而是努力的成果。他的病一直惡化，他也開始對時間有了新的體悟：「當我想到絕對的未來，即是我的癌症正在推著我猛然衝向的那個隧道的盡頭，有時候就會覺悟到未來就在眼前。末時、世界終局，就是當下這蒙悅納的一刻。」[8]

牧者有一個好機會，引導癌症患者看到希望與醫治的眾多面貌，藉此產生一個新的自我觀。牧養輔導員可以想像自己是與那位屬天的助產士同工，協助這個新的自我誕生。一項重要的牧養輔導介入是，面向有可能帶來新生的未來，引導人建構自己的神聖故事。比爾(參第三課)完成了醫生建議的每一個淋巴瘤療程，包括一個實驗性療法，然後獲悉病情仍繼續惡化，醫生告訴他再沒有甚麼可提供的療法了。比爾為失去痊癒的希望而哀傷之餘，開始希望與妻子和年幼的兒子在家裏共享一些寶貴時光。他出院時已計劃好在家中接受護理。幾個星期之後，他因病情惡化被送返醫院，在那裏度過餘下的幾個月，直至最後幾天還是頭腦清醒的。在那幾個月裏，我差不多每天都去跟他談天。

精神好的日子，比爾跟我談得很多，先是詳細描述他當時的身體狀況，然後細說當年故事，包括位居商界行政人員的工作經驗，和他在信奉羅馬天主教的大家庭中長大的軼事。接著他通常會談到妻兒，多方強調後悔沒有花多些時間與他們共聚天倫，也沒有在感情上給予他們更多支持。起初，當他開始又再講述自己的失敗時，我就會嘗試引導他將注意力集中於當時他在這些關係上所作出的改變，但是多天下來，他還是照樣重複地講述自己關係上的失敗，我才認識到這個過程對他的康復有多重要。除了說故事之外，告解也是比爾和我一起實行的禮儀中不可或缺的部分。比爾不但需要重溫自己的人生故事，也需要承認自己昔日的罪過，才能邁進一個充滿希望的未來展望。比爾除了告解的禮儀，還需要恕罪的禮儀，方能體驗屬靈的醫治。[9]在此，我作為牧者的介入就是緊隨他的告解之後，進行一個簡單的恕罪儀式，包含宣讀聖經恕罪的保證（約壹一9；可二5）及為神徹底的寬恕作感恩禱告。

經過數次告解與恕罪的禮儀之後，比爾逐漸放棄背誦自己過去的失敗，他變得比較肯接受我的引導，在「說故事」時，也說及目前的景況和對未來的展望。他將兒子塗色的畫放滿了房間，笑著向我解說每一張。他的短期展望是跟妻兒一起嬉戲和彈結他，這成為他那些日子的目標。在職業治療師的幫助下，比爾安排與妻兒一起做些簡單手工藝和觀賞電影，他很是享受。彈結他是他當年喜愛的活動之一，但在他當商界行政人員時卻騰不出時間做。儘管比爾對止痛藥的需要愈來愈大，他很驚訝自己有時不但可以彈出從前熟悉的歌，還可以作曲哩。比爾似乎探到一個創意無限的深井，那是他從來都不知道就在自己裏面的。即使他身體繼續衰弱下去，我仍見到他有另一種轉化正在開展，他在富哲理的想像方面有長足進步。他在因病不能工作的最後幾年裏面，讀了很多哲學和神學的書。如今他似乎很喜歡與我談論哲學上的問題，例如其他行星上是否有生命，或者靈魂不滅的問題。有一天比爾因哀傷和恐懼而苦惱不堪，我就請他用自己的想像力，幻想自己的來生。

院牧：比爾，我看到你在很多方面都有長足進步。你漸漸變得更加整全，你的直覺與理智糅合起來，你那充滿創意的想像力活躍起來，幫你作曲；而且你的想像力似乎也加強了，可以超越此時此地。不知道你會不會願意想像一下，當你離開這個世界時，你的前景會是怎樣的呢？

比爾：我相信死後有生命，最少在理性上相信，但是我不太想像得到那會是怎樣的。我想當我嘗試思想永恆的事的時候，我就有點懷疑、有點恐懼。不過，我害怕臨近死亡，過於害怕死亡本身。

院牧：臨近死亡令你害怕？

比爾：我很難看透痛上加痛的背後。我看到自己慢慢地解體，失去控制權，失去一切，感覺像是放棄一切——而我從來是不相信放棄這回事的。*(聲音開始哽咽)*所以，我一直用盡我認識的方法跟這病周旋到底，可以做的治療我都做了，試過食療、維生素，你也曉得我怎樣祈禱、多麼努力爭取信心醫治。但是我想我要把那一切都放棄了。我再沒有甚麼可以做的。我看到前面只有更多的痛苦。

院牧：你為失去的一切哀傷，實在很痛。但是如果你看自己不是放棄，而是放手，那又如何？想像你不是覺得要放棄得醫治，而是放手進入一種不一樣的醫治裏去，那又如何？試試和我一起幻想一會兒，你正放手進到另一個世界去。你記得我們有一次談到柯爾律治 (Coleridge) 和他的詩作的超自然主題。他有這麼一套理論，認為詩人的想像靠賴的是一份「暫停懷疑的意願」，即是，為著能進入詩的世界，我們要放棄對那想像世界的不信。根據柯爾律治的說法，這種「暫停懷疑」的做法是詩人信心的基本要素。或許屬靈信心也是一樣。我們要暫停對這世界以外的世界的懷疑，嘗試用我們的想像進入那另一個世界。你要不要試試看？

比爾：嗯，我可以想像我希望那會是怎樣的*(頗長的停頓)*。你知道有些人想像天堂是一個得著完全安息和滿足的地方。他們形容惟一的活動就是歌唱讚美神和撥弄豎琴。我喜歡音樂那部分，不過完全安息就不是我心中的天堂了*(笑)*。我不能想像無所事事會快樂。你知道啦，即使我不能工作，我也不斷努力找些事做。在某個程度上，身體慢下來，我的腦袋就變得活躍得多。我愛閱讀和學習新的東西，我對來生的憧憬是一個不斷學習和成長的地方*(變得生動)*，在每一方面都長進

——不單是在理性上。我想像在那個地方，我的靈會擴張，我的才幹會進步。誰曉得我會寫出怎樣的音樂？雖然現在聽起來可能很怪，但是我幻想自己能夠在某些方面影響到世上的事，尤其是與我所愛的人有關的事。我或許不能直接與他們溝通，但不管怎樣，我會保持一種聯繫，或許我可以像個守護天使。我希望可以在地球或其他行星上負責某些任務之類*（停頓，呼吸緊速）*。我幻想自己能夠在地球、在宇宙間任意遊走，擁有某種有形的形體，但又不受那形體限制。我會能夠吃東西，而且食物會真的很滋味！那將會是我歷盡此劫之後一大安慰，不過我又用不著為生存而吃。天堂將是一處精緻美麗、充滿鮮艷色彩的地方，我能夠享受從前所有感官上曾帶給我的快樂，甚至更多更多；還有——當然——我沒有甚麼是會衰敗的，只會進步擴展。不過我的學習和成長是永不會停止的，否則就會太悶了。你見到啦，我的幻想力也真豐富啊*（笑）*！

院牧：的確豐富！你對另一個世界的未來展望真吸引。你的想像力愈來愈活潑！事實上，在很多方面，你似乎都是朝著更整全的方向邁進。

比爾：那聽來充滿希望。我想我會努力保持那「暫停懷疑的意願」！

直到幾個星期後比爾離世之前，在呼吸困難和愈來愈痛的痛苦現實之中，比爾仍努力抓緊這個充滿希望的未來展望。通往完全接受之途不是一條直路，而是在哀傷、恐懼與希望之間兜轉前行。比爾表示感激我不斷提醒他，他有一個神聖的、超越死亡的、充滿長進和美麗的未來展望。

牧養輔導員與患者一同遊歷他們的神聖故事時，也有機會鼓勵他們探討一些能打開希望與醫治之門的神聖意象。我在碧琪(參第四、八課)接受住院及門診治療期間，有好多個月為她服務，使我對想像力的神聖力量有更深的認識和了解。碧琪坦白生動地述說自己的患癌經歷，我請她探討新的觀念和意象，她常常都肯聽。寫日記和默想幫助她，將一些她發覺能帶來安慰和力量的意象內化。

她決定接受實驗性療法之前的其中一次會談之中，她努力嘗試說出她一直感受到的一份不實在的感覺，那時她正為著不知還剩下多少日子而忐忑不安。在某程度上她覺得自己已經活在這個世界以外，正往裏看。

碧琪：那感覺真怪——真是難以形容。我可以在一羣人中間，比如聖誕節回到家中與朋友相聚之際，突然間，我是在人羣之外。我正想著這或許是我最後一個聖誕節，或許是我最後一次看見這些朋友了。我仍然聽得見他們講話，我也仍然跟他們談著，不過他們並不真正了解我在哪兒，而我已不再在他們那裏。那講得通嗎？

院牧：讓我試試了解。你覺得自己再不是真的跟他們在一起——你好像在另外一個地方或者另一度空間？那一定是相當孤單的感覺。

碧琪（眼眶含淚）：感覺非常孤單，因為我知道他們沒辦法明白我正在經歷的。我也不是真的想他們明白。太痛苦了。有時我對棠（她的丈夫）也有這種感覺。他嘗試了解我的感受，但是他沒法做得到。他很怕會失去我，已經苦不堪言，我不想加深他的痛苦。我好像仍然在場，但又不是整個人都在——「另一度空間」是個相當貼切的形容。感覺怪怪的。

院牧：你患癌的經歷已將你帶到人生一個新的範疇。從此以後無論發生甚麼事，你再也不一樣了。

碧琪：而且我感到高興。我不想做回從前那個人。我和朋友一起的時候，他們所談的，很多都好像是那麼無關重要。我不能再回到從前，也不想。但是我又不能肯定前面是甚麼。當我覺得自己悄悄地離去時，便開始想到永恆，然後就怕得要死，有時又被疑惑所困（哭泣）。如果我回想確診後那惟一一次覺得安全的時刻——就是當我在骨髓移植室的時候，我會好過一點。那感覺好像在母腹裏面一般。我被護理我的人包圍著，他們照顧我每一個需要，給我極大希望。

院牧：或許如果你想像神就像那個令你覺得安全、被愛和關懷圍繞的骨髓移植室，你會覺得好些。聖經形容神懷胎的愛（出三十三19；賽四十六3～4）。假如你想像神是母腹，保住你安穩妥當，會在這段日子裏面對你有幫助。

在我們下一次會談時，碧琪談到「神是個安全穩妥的母腹」的意象，怎樣幫助了她度過實驗性療法期間困惑不定的情況。當她覺得害怕接受治療、害怕如果對這個療法沒反應的話自己會做些甚麼的時候，她就想像自己躺在神的腹中。她愈覺得自己能夠信靠神，就認識自己更深。她談到發現了一個更深層、更屬靈的自我。患癌之前，她是夫婦間講求實際的那一個，她管理家庭經濟和其他家事細目；她是會計師，在工作上有條理、有效率。她一直認為自己的長處在推理能力多於想像。雖然她曾經是教會會友，但從沒多想信仰的事。她永不會相信我倆在輔導會談中的對話竟能出現。我們談及她所作出的改變。

碧琪：那就好比我成為一個不一樣的人。患癌症以前，我無論如何都不可能想像我倆談過的一些話題。

院牧：你覺得自己好像是個新人。在我認識你的日子裏面，我見到你有很多改變。你擴張了自己的想像，以及你對神和屬靈經驗的看法。你學會了將自己的經驗和感受描述得那麼生動逼真，我從你身上獲益良多。

碧琪：我很高興，那令我很開心。你幫助了我學會更多信靠，不管發生甚麼事，我都信靠神。但是我仍然希望得到醫治。

院牧：碧琪，你總會得到醫治的，不是這個形式就會是另外一個形式。

碧琪*(哭泣)*：是的，我曉得。

院牧：你正在經驗醫治和新生。你一直對我說，你漸漸變成一個新人。當你回想新生命在你裏面誕生的情景時，這幅助產士的圖畫或許會對你有幫助*(給她看一張卡片，上面是克萊茵的一幅畫作，題為《助產士》)*。畫家寫了這些註解，說明畫中意思：*(反轉卡片，讀給碧琪聽)*「在經歷轉變期間，我們體會到神沒有丟下我們孤獨面對，卻差遣助產士在途上陪伴我們、幫助我們。這幅畫映現的是，在我們經歷身心靈的生與死期間，神使用一圈子婦女擁抱我們。」[10] 你或許不但想到人間的助產士，還會想到神是屬天的助產士，幫助你誕生新的自我部分。詩篇中有一段經文，形像化地描繪神是屬天的助產士：「但你是叫我出母腹的，我在母懷裏你就使我有倚靠的心。」(詩二十二9)。

碧琪*(笑)*：你是說我不可以賴在母腹裏面？

院牧：我看你已經走出來，進入更廣大的境界*(將畫交給她)*。我想你收下這幅畫。

碧琪*(目不轉睛地看著那幅畫)*：謝謝你！這畫真美，又發人深省。*(哭泣)*謝謝你教我用新的方法去看發生在自己身上的事，又想像神與我同在。

碧琪繼續看著那幅畫和談到它所引起的一些感想。在某個程度上，她的確想留在安全的母腹之中，因為她正在經歷的轉變令她覺得害怕孤單，但是，當她細想自己正在成為新人之際，又對自己在生命中所作出的改變感到滿足。在這次會談結束之前，碧琪邀我為她祈禱。

院牧：賜醫治、希望和新生命的靈啊，你用很多形式、很多面貌臨格我們中間。你是碧琪心裏面的能力，你賜她勇氣信靠你，又帶給她各種新的可能，藉此賜她希望。你是按著她最深切的需要賜她醫治的那一位。你透過那些關心她的親戚朋友，透過所有在路途上協助她的、充當助產士的人，臨近她。你是屬天的助產士，幫助她在自己裏面誕下新的發現和新的生命。當她慢慢蛻變成你造她時你所預定的模樣，求你在這期間繼續與她一起經受陣痛。阿們。

隨後那個星期的輔導會談甫開始，碧琪就告訴我，她隨身帶著那幅《助產士》的畫。她給我看她把它放在皮包的甚麼地方。雖然那意象帶給她安慰和希望，但她表示這些感覺並不長久，令她沮喪。有大半時間她都覺得有一條裹屍布包著她，怎樣也抖不掉。裹屍布這個意象，她知道是指死亡，一直盤據著她的思想。她繪影繪聲地描述那裹屍布怎樣在她做的每一件事上投下陰影，阻礙她展望前路，也妨礙她充分地體會目前。碧琪懇求我幫她脫掉這塊裹屍布。我說她能談論這不祥意象，就已經踏出了第一步。她說出了那是甚麼，就是行使了某種控制權。我又建議她在打後的數天裏，花點時間在日記裏寫下自己對這意象的感受，然後再用幾天描寫她那幅希望的圖畫。她甚至可以試試把兩個意象繪畫出來。

一個星期後的會談到了，碧琪把日記帶了來。她先給我看她畫的兩幅掃描。她在希望那幅掃描中畫了一個面帶淺笑的長髮姑娘。希望面上的其他部分比較模糊。她穿著一件飄垂的長衣。另一幅掃描畫的是死亡，是一個披著裹屍布的「鳥人」(“bird-man”)。鳥人頭上最顯著的是一只小而圓的眼睛和長長的鳥喙。鳥人翅膀展幅極寬，從牠的雙翅垂下巨袍。

我問碧琪想不想讀出日記裏她怎樣描寫這兩個意象。她寫的比畫的生動得多、透露的也多很多。

希望看起來很年輕，或許比我還年輕，但她是長生不老的。她存在已很久。她定定地站著，但絕不僵硬。她一身雪白，穿著一件用平滑布料做的高腰長衣。她看來平靜安祥，散發著一種聰慧和快樂的內在光華。她不像鳥人那般充滿幹勁。她不像我們般講話。你差不多要猜她在想甚麼，但你一直都知道她堅強、良善，世上沒有事會令她崩潰。我會不會跟隨她上天堂呢？為甚麼她不能答我呢？

描寫希望的日記隨之轉而開出一列心願。在此碧琪好像在說出她對「希望」(Hope) 的希望。

希望對待黑暗則會較多言、較主動。希望會讓我立時見到實驗性療法的進展。希望會平靜我的思維和心緒，不用我大費氣力保持平穩。有時候我感到必須揣測希望在向我說些甚麼。希望會用我的語言向我說話，而不會用到心靈感應之類。當我感到寂寞、害怕、難過、沒精打采的時候，希望會陪伴我。希望會挪走痛苦、醫治我的癌症。希望會一再向我保證，是次我為幫助自己而做的一定會見效，不會就此撥歸我曾經試過但失敗的事之列。

然後碧琪給我讀出她怎樣描寫她所畫的「鳥人」的意象。

他是半鳥半人。他看來像鳥多一些，卻有人類的特質。他能夠講話和到處走動。他的袍子非常寬大；霎時間便可以像裹屍布般蓋住我，我永不會忘記它。有時他坐到我肩膊上，有時我又可以感覺到他在我胸口內，接近我心房。他總有意見，而且永遠都是消極的——令我懷疑生命、懷疑自我，以至所有與這病有關的事。他長久坐在我肩膊上，監視，一直監視。我一直以來都害怕希望，因為希望總是被這東西的動作大打折扣——也不管它是甚麼東西。主權不在我，在他。他是不請自來，住下了就不肯離開。他一直都在那兒，但他的形像是在這多個月間才變得明朗。我們必要學習彼此共存。他是死亡，他可以用裹屍布將我包起來，那裏會是漆黑一片。我將會是孤零零的，沒有人能找到我。我會下到地獄嗎？還是我已經身處地獄呢？鳥人的眼睛從不合上。有時他看起來好像是睡著了，但他能夠一邊睡覺一邊觀察。我的感受怎樣，他隨時都有發言權，不論我是在商場裏，還是在看電視，甚至就在此刻；他説：「我要留下來。你總不要忘記，我有能力令你懷疑、令你驚慌、令你傷心。我常伴你左右。如果我選擇不説話，那你就走運了。我可以大力踏油門，令你的生活痛苦得好比在一場龍捲風之中拚命抓牢一棵幼樹——你永不曉得樹幹會折斷，還是會強壯得足以穩度風暴。」[11]

我向碧琪表示感謝她的想像力和語言能力，讓我對她的體驗有更深了解，然後碧琪和我便進一步討論她透過鳥人和希望的意象所描寫的渴望和恐懼。鳥人不斷在那兒喋喋不休，威脅著要壓倒希望。雖然希望強壯而安祥，但她說話不夠大聲、不夠直接，不足以令鳥人就範。鳥人在碧琪生活中的影響和控制，較那難以捉摸的希望厲害得多。碧琪想更清晰地聽到希望的聲音，但是總被鳥人的聲浪蓋過。碧琪請我幫助她脫離鳥人的勢力，以便追隨希望。我向碧琪提出，憑直覺尋找希望，會比用理智去找來得容易一點，也許在指導下的默想會對她有幫助。

在默想當中，我引導碧琪將注意力集中於呼吸上面，然後進到心靈中一個她早已選定作為默想的地方，自己後院那處神聖之地。這地方有個木造的平台，她坐在其上，四週都是樹木和艷麗花兒。我建議她想像希望坐在旁邊，笑咪咪地跟她細語。這時碧琪可以向希望訴說自己最深的感受，儘管她曉得即使是一個字還沒有說，希望已經完完全全地了解她。如果鳥人要打斷她們的談話，碧琪就可以叫他趕緊飛走，然後將他從自己肩膊彈走。我提議她看著鳥人慢慢飛去，漸漸離她愈來愈遠。如今她可以傾聽希望說話，享受她的同在。我建議她想像自己變得與希望更加緊密相連，以致她能夠明白希望的信息，也不管那信息是用甚麼語言發出，即使是透過靜默而來。我提議當她在希望的臨格中感受到完全的愛與平安之餘，也感覺到所有的恐懼慢慢從自己的身、心、靈裏頭飄蕩出來。

默想之後，碧琪說鳥人自肩膊飛走這個意象，令她覺得自己還可以管得住他。雖然她想希望告訴她多一點將來的事、幫助她看到自己生命的全貌，但是只要有希望坐在身邊，碧琪就覺得強壯安寧了。碧琪並不急於要希望回答所有問題。碧琪告訴我，默想期間其中一個最有力的時刻，就是她坐在希望旁邊想起的一件往事。她記起數個月前坐在後園平台所見的一個短暫景象。那天多雲，她感到鬱鬱不樂。她抬頭觀看浮雲之際，見到浮雲以外有一扇門，看起來令人嚮往，於是她準備起來朝那扇門走去，然而她卻步，自知仍未到穿過那扇門的時候。碧琪相信，希望在默想期間叫她想起這扇門的景象。她曉得那扇門是通往生命一個嶄新層面的入口，而她會知道甚麼時候進去；有一天，她會隨著希望穿過它。

對未來的展望不一定要有十足內容，才能引發勇氣，使人跨進一個嶄新層面，它可以只是一個大綱、一個意象、驚鴻一瞥、瞬間的景象。碧琪看見一扇門的景象，令她確信在門的另一邊還有將來，儘管她看不到整個前景。屬靈導師有一個神聖的呼召，就是陪伴癌症患者一起走過病況發展的每一程，鼓勵他們朝著醫治與新生的眾多可能邁進。當他們對某種醫治感到絕望時，我們可以邀請他們張開眼睛，看看醫治的另外一些面貌。人際關係得著和好、尋回失落的自我部分，都會將生命提升到新的層次。

牧養輔導員可與屬天的助產士同工，參與癌症患者的再生，幫助他們進到自我與時間的嶄新層面。我們幫助他們探討和轉變自己的神聖意象和故事，給予他們希望度過悠長、艱巨、痛苦的分娩過程。透過喚起那將人與神的創意聯繫起來的想像力，這些故事和意象就有光照當前經驗的力量，同時亦將這經驗推進至超時間的實在之中。牧養輔導員擁有獨特的機遇，引導人以各種形式想像充滿希望的未來展望，從而跨越眼前所見；未來展望的形式繁多，包括將損失化為成長、死亡化作新生。我們藉著同情及創意，參與在這些個別的神聖故事之中，如此就參與了一個更大的故事，就是所有受造物的轉化。

我們知道一切受造之物一同歎息、勞苦，直到如今。不但如此，就是我們這有聖靈初結果子的，也是自己心裏歎息，等候得著兒子的名分，乃是我們的身體得贖。我們得救是在乎盼望；只是所見的盼望不是盼望，誰還盼望他所見的呢？(羅八22～24)

註釋：

1. J. William Worden, "The Experience of Recurrent Cancer," *Cancer Journal for Clinicians* 39, no. 5 (September/October 1989): 309～310; Avery D. Weisman and J. William Worden, "The Emotional Impact of Recurrent Cancer," *Journal of Psychosocial Oncology* 3, no. 4 (winter 1985～1986): 8～10.
2. Richard L. Schaper, "Pastoral Accompaniment of the Cancer Patient," *Journal of Religion and Health* 23, no. 2 (summer 1984): 145～146.
3. Robert Chernin Cantor, *And a Time to Live: Toward Emotional Well-*

Being during the Crisis of Cancer (New York: Harper & Row, 1978), p. 223.

4. Eric J. Cassell, "Recognizing Suffering," *Hastings Center Report* (May/June 1991): 24～25.
5. Post-White et al., "Hope, Spirituality, Sense of Coherence, and Quality of Life in Patients with Cancer," *Oncology Nursing Forum* 23, no. 10 (1996): 1575～1576.
6. Mitchell L. Gaynor, *Healing Essence: A Cancer Doctor's Practical Program for Hope and Recovery* (New York: Kodansha International, 1995), pp. 222～223.
7. William A. Fintel and Gerald R. McDermott, *A Medical and Spiritual Guide to Living with Cancer: A Complete Handbook for Patients and Their Families* (Dallas: Word Publishing, 1993), p. 216.
8. John Carmody, *Cancer and Faith: Reflections on Living with a Terminal Illness* (Mystic, Conn.: Twenty-Third Publications, 1994), pp. 12～13, 90～91, 131, 137～138.
9. Bonnie J. Miller-McLemore強調，在幫助人重新審視自己生命、作修補工夫並重拾信仰之時，宗教禮儀是很重要的。參 "Death and the Moral Life: Odd Bedfellows in Our Postmodern Age," *Dialog* 32, no. 3 (summer 1993): 170。亦參 Ellen Carni, "Issues of Hope and Faith in the Cancer Patient," *Journal of Religion and Health* 27, no. 4 (winter 1988): 287。
10. Doris Klein, "The Midwives"; 參第二章，註 12。
11. 謝謝碧琪容許我引述她日記裏這幾個段落。

附錄一：

哀悼損失並支取能力的宗教儀式

以下的宗教儀式最適宜用於聚會已有相當日子，組員之間已建立起信任的婦女乳癌支援小組。確診患了乳癌六個月以上的婦女，每每對自己的損失會有更多的了解，因此會較那些新近確診的婦女更能充分投入儀式中。

組長：我們相聚一起，哀悼因乳癌而承受的損失。我們來，是要分擔彼此的傷痛，並透過我們所分享的感受和經驗，找到意義和希望。

組員：我們明白自己乳房的意義和力量，我們以這個女性身分彼此相連，我們的乳房令我們覺得自己是女性。我們的乳房培育新生命，我們的乳房給我們和我們的愛人帶來歡愉，但是我們的乳房也可以給我們帶來痛苦和威脅。我們感受過乳房的歡愉，我們稱讚乳房賦予生命的能力，但是我們也感受過乳房藏著對生命的威脅。

組長：雖然乳房帶來福澤，但是我們知道乳房也可以帶來痛苦和疾病。

組員：我們感受過乳房的福澤，但如今我們所感受的，是損失之痛和對未知因素的恐懼。

組長：乳癌帶來了恐懼和悲傷。

組員：我們害怕，不是只為自己，也是為家人。在我們各人前面的是不能確定的將來。我們哀悼自己身體上的損失。我們哀悼失去了的安全穩妥的感覺。

組長：在你感覺痛楚的同時，默想你的損失的意義。你們來到這裏，每一個都帶著個別的感受，因自己的損失及其意義而有的感受。你的損失對你有甚麼意義呢？你的乳房對你有甚麼意義呢？從這個盤子選取一件象徵你的損失的物件，或者一張照片。

將盤子傳開，上面盛著這些物件：一個穿戴整齊的女士的照片、一盒奶、性感乳罩、一個健康快樂家庭的照片、一個穿著慢跑運動服的健美女郎的照片。邀請每位女士說出所選的物件，以及它怎樣象徵自己的損失；又或，請她用另外一些她感到有意義的方式，談談她自己的損失。

組員：我們的乳房對我們十分重要，對我們的女性特質、我們的性別、我們的育養能力都十分重要。我們哀悼因乳癌而承受的損失。我們哀悼喪失了永不受傷的感覺。

組長：*(將空盤子傳開，請女士們把那些象徵她們的損失的物件放回盤子上。)*在你放手的同時，感受損失的痛苦。哀悼你損失了乳房，以及你因乳癌而承受的其他損失。

組員：我們放手，感受自己的痛苦，哀悼我們的損失。

組長：在你繼續感受自己的損失的意義、為這些損失悲傷的同時，開始思想你在這些損失以外的一些優點。從這個盤子選取一件象徵你的才幹、優點、具創意的興趣，和／或將來目標的物品。

將盤子傳開，上面盛著這些物件：手工藝材料、書籍、一個公事包、一本食譜、日記本子和一支筆、樂譜、油畫及顏料、聽診器、電腦磁碟。請每位女士說出所選之物和它如何象徵她的才幹、創意、興趣與／或將來的目標。如果有女士覺得那些象徵物與她們無關，那就要給她們機會，讓她們用另外一些有意義的方式談談自己的優點和目標。

組長：*(請女士們將那些象徵她們的才幹、創意、目標等物件握在手中。)*在你繼續感受自己的損失的痛苦，並為此哀悼的同時，牢牢抓住你的恩賜、才幹、你對將來的目標和憧憬。雖然你因乳癌而承受損失，但是你沒有失去作為女人的能力。確認你的能力，確認你作為美的創造者、生命的培育者的全部恩賜。

組員：我們不只是我們的乳房。我們的女性特質和性別，並不視乎我們的乳房而定。我們的養育能力不限於我們的乳房。我們有的人生意義、女性力量、養育能力、創作力，都遠遠超過我們的乳房。我們過去所感覺的安全穩妥都只是假象；我們能夠面對未知的因素，過豐盛的生活，因為我們知道，未來總是不能肯定的。就在我們感到痛苦、哀悼損失的同時，我們緊抓著我們的才幹與創意。我們擁抱每一刻的恩賜；我們確認自己有能力去創作新美麗、去發現生命裏的新意義、去培育自己與別人，邁向更圓滿的健康和完全的地步。

全體：賜一切安慰與能力的源頭啊，我們在哀悼自己的損失之時尋求你的安慰，在求取新力量之時尋求你的能力。求你張開我們的眼睛，讓我們發現自己和別人生命中嶄新的意義和創意。你造我們是為叫我們達到你所設定的模樣；求賜我們能力，在我們長成這個模樣期間，去舊迎新。阿們。

附錄二：

有關癌症及屬靈經驗的牧養輔導面談大綱

1. 開始時，請患者談談剛獲悉自己患了癌症時的感受。引導他們將確診時的感受與現時的感受作比較。
2. 請患者談談人生意義與目的這些課題與患癌經驗的關係。比如說，他們是否認為這癌症有特殊意義，又或，他們有沒有從這經驗發現甚麼意義和目的？
3. 鼓勵患者說出，他們是否感到神或者有一位更高的主宰牽涉其中。
4. 引導患者說出他們的屬靈信念與他們對自己的感覺之間的關係。
5. 進而討論因患癌而引起的屬靈問題或掙扎。
6. 請患者談談他們的宗教信念或屬靈信念，可有因患癌而有所變更。
7. 請患者拿他們在確診患癌之後對神的經驗，跟他們在確診之前作個比較和對照。提出一些字眼來表示他們經驗神的不同方式，例如親密、疏遠、內在、外在、關心、不關心、冷淡、怪責、寬大、溫柔、論斷、慈愛、滋潤、嚴苛、安祥、令人不安、可預知的、奧妙、大有能力、軟弱無能、愛護周到、充滿溫情。
8. 進而討論神的形像，從中比較患者在確診患癌之前和之後如何想像神和稱呼神。提出一些神的意象，比如法官、光、嚮導、父親、母親、醫治者、主人、朋友、磐石、創造主、毀滅者、主、混沌、安慰者、統治者、兄弟、姐妹、救贖者、智慧、更高主宰、靈、培育者、至高無上、維持者、愛、鷹、堡壘、避難所、大醫生、王、聖者、祖父、祖母、大奧祕。

9. 讓患者有機會述說自己的故事：自確診患癌以來的屬靈經驗。

10. 進而談到因患癌而產生的人際關係問題。談談癌症如何影響他們與親友之間的關係，以及有助應付關係轉變的屬靈意象或經驗。

11. 請患者談論他們的患癌經驗如何影響了他們的身體和性別意識，並講述一些有助於處理身形改變的神的意象或屬靈經驗。

12. 引導患者說出，他們認為五年後自己的生活會是怎樣的。鼓勵他們將自己對未來所懷的恐懼和希望都包括在內。

Caring 系列　實踐信仰的關懷，共度人生的起伏。

與病患者同行——給關顧者的屬靈指引
Spiritual Care: A Guide for Caregivers
朱迪斯·艾倫·謝利（Judith Allen Shelly）著／陳永財 譯／HK$73

告別抑鬱——給患者及親友的幫助
Defeating Depression: Real Help for You and Those Who Love You
霍德華·斯通（Howard W. Stone）著／陳永財 譯／HK$128

妥善處理自殺個案
Suicide: Pastoral Responses
洛倫·湯森（Loren L. Townsend）著／鄧英偉 譯／HK$68

危而不亂——與病人及親屬面對倫理困境
Caring for Those in Crisis: Facing Ethical Dilemmas with Patients and Families
肯尼斯·莫特拉姆（Kenneth P. Mottram）著／黃東英 譯／HK$73

妥善處理抑鬱症
Coping with Depression
陳善養（Siang-Yang Tan）、奧伯格（John Ortberg）著／明朗兒 譯／HK$48

策略性牧養輔導——一個短期有系統的模式
Strategic Pastoral Counseling
貝內爾（David G. Benner）著／陳永財 譯／HK$68

怎能饒恕——策略性牧養輔導
Understanding & Facilitating Forgiveness
羅伯特·哈維（Robert W. Harvey）、貝內爾（David G. Benner）著／陳永財 譯／HK$68

與癡呆症共舞——給患者與照顧者的分享及指引
Dancing with Dementia: My Story of Living Positively with Dementia
克莉絲汀·伯頓（Christina Bryden）著／陳永財 譯／HK$78

整全心靈醫治系列

情緒四重奏——同行生命中的憂怒哀樂

葛琳卡 著／ HK$83

情緒會儲存在我們的大腦之內，如果未有好好處理，在下次經歷類似的情況時，便會以累積效應強烈地浮現出來，甚至讓當時人也感到吃驚與恐慌。本書從多個層面探討有關情緒的成因、種類與運作、調節與轉化、關懷與成長等，嘗試全面地認識情緒對個人的影響，並且引介出一條成長之路，讓情緒轉化成一種健康而且可以正面發揮生命的動力。

曠野之旅——生命中的情緒更新

葛琳卡 著／ HK$98

以色列人出埃及和曠野飄流經驗，讓我們看到恐懼的情緒如何阻隔了我們與神的關係，令我們對神產生懷疑，以致不願順從神的方法與時間，只相信一己之力，用自己的方法去掙扎。時日漸久，我們甚至對神產生憤怒和怨恨，又或者怨天尤人，認為神沒有聆聽我們的禱告。四十天靈修導引，助我們看清恐懼、哀傷和憤怒這三種情緒的形成，這些情緒如何影響了我們與神的關係，以致我們能撕開心中的幔子，被神的愛醫治種種情緒的創傷。

生命更新的醫治——與耶穌共渡生命中的憂怒哀樂

葛琳卡 著／ HK$128

人的成長，由不同的部分和階段組成。本書以習作薄的形式，幫助讀者整合他們的人生，從認識自己的成長開始，檢視生命和屬靈的不同階段，發掘真正的自己，進而反省聖經的真理和與神的關係。耶穌與你一起去共渡生命的憂怨哀樂，讓你更深入接觸自己的內心世界，活出更美更合乎主心意的人生。

靈修著作精選

重整靈性生命，陶冶完善人格。

感恩
Uncommon Gratitude: Alleluia For All That Is
卓滌娜（Joan Chittister）、羅雲．威廉斯（Rowan Williams）著／陳恩明 譯／HK$83

我一直以為，人生是這樣走的——為生命重新導航
Breaking the Idols of Your Heart: How to Navigate the Temptations of Life
艾倫德（Dan B. Allender）、朗文（Tremper Longman III）著／李小釧 譯／HK$98

禱告與應許——給病患者的 30 天靈修指引
Prayers & Promises: When Facing a Life-Threatening Illness
艾德華．多布森（Edward G.Dobson）著／明朗兒 譯／HK$68

當我所愛的人離去了——如何在至愛離世後重新生活
Traveling through Grief: Learning to Live Again after the Death of a Loved One
蘇珊．索納貝爾提（Susan J. Zonnebelt-Smeenge）、羅伯特．德弗里斯（Robert C. DeVries）著／蔣雅利 譯／HK$63

帶著愛上路——讓傷痛得以痊癒的默想小品
As I Journey On: Meditations for Those Facing Death
莎倫．達迪斯（Sharon Dardis）、仙蒂．羅傑斯（Cindy Rogers）著／黃東英 譯 HK$58

挪移大山的禱告
Prayers to Move Your Mountains: Powerful Prayers for the Spirit-Filled Life
卡拉遜（Michael Klaseen）、弗爾靈（Thomas Freiling）著／吳世芳 譯／HK$93

記憶治療——心靈治療的禱告
Healing of Memories: Prayer and Confession Steps to Inner Healing
丹尼斯．林（Dennis Linn）、馬修．林（Matthew Linn）著／方林偉 譯／HK$58

靈修著作精選 盧 雲 系 列

念——別了母親後（重譯本）
In Memoriam
盧雲（Henri J.M. Nouwen）著／莊柔玉 譯／HK$48

鏡外——生死之間的省思
Beyond the Mirror: Reflections On Death And Life
盧雲（Henri J.M. Nouwen）著／羅燕明 譯／HK$48

緊扣時代　服事教會

以文字傳揚基督真道

讀者意見表

衷心多謝你購買本社書籍。本社一直致力以出版事工服事教會，幫助信徒扎根於神的話語，促進靈命增長。為使我們的出版更能滿足你的需要，請填寫下列各項資料，並寄回或傳真予本社。

所購書籍：______________________

本書最吸引你的地方：

□作者　□適切性　□文筆　□設計　□實用性

□其他：______________________

購買本書地點：

□基道書樓　□基督教書店　□非基督教書店

性別：□男　□女　職業：______________________

信仰：□基督徒　□非基督徒

年齡：□ 16 歲或以下　□ 17～25 歲　□ 26～35 歲

□ 36～55 歲　□ 56 歲或以上

學歷：□中三或以下　□中五　□預科

□大學　□研究院

□我欲更多了解基道出版社的事工及考慮支持，請寄給我下列資料：

□機構簡介　□新書資料　□基道會員通訊

□《基道文字事工通訊》

姓名：______________________ 電話：______________________

地址：______________________

____

傳真：______________________ 電子郵件：______________________

其他意見：______________________

____

多謝賜教！

意見表可以傳真（2687-0281）或直接郵寄以下地址：
香港沙田火炭坳背灣街26號富騰工業中心1011室
基道出版社編輯部收